MEU TIO
CARLOS LACERDA

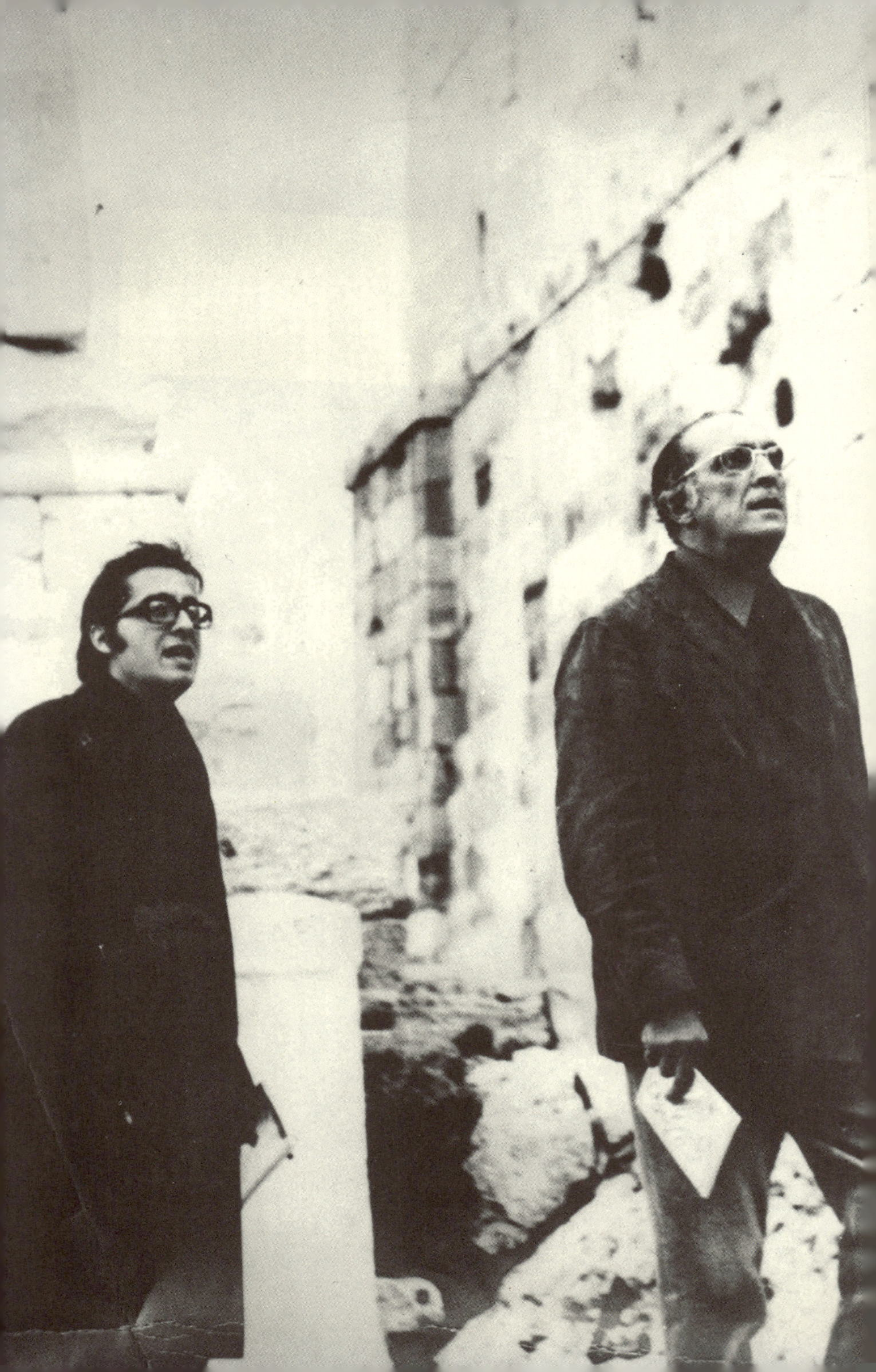

Gabriel Lacerda

MEU TIO
CARLOS LACERDA

EDIÇÕES DE
Janeiro

Rio de Janeiro
2017

Copyright © 2017, Gabriel Lacerda

Editor
José Luiz Alquéres

Coordenação Editorial
Dênis Rubra

Copidesque
Thadeu Santos

Projeto gráfico de capa, miolo e diagramação
Miriam Lerner

Crédito das Imagens (capa, páginas 1 e 162)
Acervo do autor

CIP-BRASIL. CATALOGAÇÃO NA PUBLICAÇÃO
SINDICATO NACIONAL DOS EDITORES DE LIVROS, RJ

L136m

    Lacerda, Gabriel, 1939-
        Meu tio Carlos Lacerda / Gabriel Lacerda. – 1. ed. – Rio de Janeiro: Edições de Janeiro, 2017.

    Inclui índice
    ISBN: 978-85-947-3007-7

        1. Lacerda, Carlos, 1914-1977. 2. Políticos – Brasil – Biografia. I. Título.

17-39152   CDD: 923.2
                                                                                                                     CDU: 929:32(81)

Todos os direitos reservados e protegidos pela Lei 9.610, de 19.2.1998.
É proibida a reprodução total ou parcial sem a expressa anuência da editora e do autor.
Este livro foi revisado segundo o Acordo Ortográfico da Língua Portuguesa de 1990, em vigor no Brasil desde 2009

Edições de Janeiro
Rua da Glória, 344, sala 103
20241-180 | Rio de Janeiro, RJ
Tel.: +55 (21) 3988-0060
contato@edicoesdejaneiro.com.br
www.edicoesdejaneiro.com.br

SUMÁRIO

PREFÁCIO 7

APRESENTAÇÃO 13

I. A DÉCADA DE 1940 17

II. A DÉCADA DE 1950 25

III. A CAMPANHA DA ÚLTIMA HORA 31

IV. 1954 35

V. 24 DE AGOSTO 39

VI. 1955 — GOLPE E CONTRAGOLPE 45

VII. OS ANOS JK 51

VIII. O GOVERNO DO ESTADO DA GUANABARA 61

IX. ALGUNS MESES DE JÂNIO QUADROS 75

X. FORMATURA 83

XI. MARÇO DE 1964 89

XII. 1964, DEPOIS DE 31 DE MARÇO 99

XIII. 1965 A 1967 105

XIV. 1968 — TROCA DE CORRESPONDÊNCIA 111

XV. 1968 117

XVI. O TERRENO E A COPA DO MUNDO 125

XVII. NA GRÉCIA 131

XVIII. EM PARIS 141

XIX. APARTES 147

XX. RECLAMAÇÃO TRABALHISTA 155

XXI. UM BOM PAPO 161

XXII. FESTA E LUTO 167

XXIII. CONTROVÉRSIAS LITERÁRIAS 171

XXIV. REUNIÃO NA EDITORA 177

XXV. FINAL 183

XXVI. A CASA DE MEU AVÔ 187

PREFÁCIO

Falar bem é o melhor meio de pensar bem.

O que Carlos Lacerda e Gabriel Lacerda teriam em comum, além do parentesco, da convivência e das circunstâncias históricas em conjunto vividas? E que são relatadas neste livro?

A resposta é a palavra.

Tem em comum o dom palavra. O dom do falar bem, do pensar bem, do escrever bem. Nenhum dos dois é feito de silêncios ou de reflexões intimistas. Não é esta a especialidade. A marca. A característica. A palavra bem falada ou escrita é a carteira de identidade de ambos.

Como arma ou como defesa. Mas sempre a palavra. A palavra "mobilizatória".

Aliás, muito além de apenas arma ou defesa. A palavra como raciocínio, explicação, sedução e comunicação. Ambos pretenderam captar a razão pela palavra. Com tal intensidade, ênfase e entrega que a transformavam na própria razão. O continente no próprio conteúdo.

Carlos Lacerda e Gabriel Lacerda não existem, nem para consigo mesmos, sem a palavra.

Lacerda como político, jornalista e editor, ao fundar a Nova Fronteira, com Sérgio e Sebastião, seus filhos. Ambos editores à sua maneira. Sebastião, até hoje, descobridor de palavras. Maria Cristina, a filha. Da palavra também, como poeta.

Gabriel como advogado, escritor e professor. Sempre foi, este mais do que aqueles. Professor da PUC no Rio de janeiro e professor fundador da Direito Rio na Fundação Getulio Vargas.

Esta frase — falar bem é o melhor meio de pensar bem — a encontrei no livro do próprio Carlos Lacerda, "Uma rosa é uma rosa é uma rosa", publicado pela Record, no Rio, em 1985.

Neste livro, com este título, Lacerda a um tempo homenageia a Gertrude Stein, como ele, pessoa inquieta também, de múltiplas lideranças, expressão do caráter erudito e revolucionário de toda uma geração parisiense. Que então se transbordava pelo mundo.

E chegou até o Rio de Janeiro.

E, ao mesmo tempo, explicita o seu amor por rosas que cultivava em sua casa de campo no Rocio, em Petrópolis. Onde foi, ao lado de sua outra casa em Samambaia, palco de muitos diálogos com Gabriel, seu vizinho que nunca foi.

Gabriel usou da palavra muito além do advogado. Como professor, optou pelo diálogo, da aula conversada, pioneiro que foi na luta da aula socrática contra a aula conferência.

Venceu.

Gabriel enfatizava as perguntas, para não responder. Para criar a dúvida no aluno. Lacerda, enfatizava as respostas, para responder. Para criar a certeza no eleitor.

De cor, reconhecia Lacerda, não se aprende nada. Mesmo por despeito, confessando que nunca conseguia decorar nada. Este é também um lema de Gabriel. Raciocinar em vez de decorar.

"A retórica, aprendi com ele (Aristóteles), é um instrumento a serviço da eloquência, e esta, uma arte que se destina a convencer, de preferência, daquilo que estamos convencidos, os que ainda não estão informados ou não se convenceram", disse Lacerda neste mesmo livro citado.

Ele, a tentar convencer os eleitores, o Brasil, com sua pregação pela palavra, contra o comunismo, a corrupção, a favor da educação. A favor, sobretudo, da liberdade de expressão, da liberdade de imprensa.

A palavra, como editorial, discurso, mobilização.

Gabriel a tentar convencer os milhares de alunos que teve, e ainda tem, sobre como bem praticar a advocacia e entender como são feitas e aplicadas as leis.

A palavra, a aula, argumentação.

Ambos sedutores, convencedores. Muito além de apenas vencedores.

Ambos são feitos da palavra — falada e escrita. Na conquista do voto político, ou do contrato e da sentença.

Ambos oradores, aquele que, segundo Lacerda, "dá tempo de o seu ouvinte pensar no que ele está dizendo. Isto é, o que usa os silêncios que o auditório põe à disposição".

Não é por menos que este livro tem um ar de conversa. Como qualquer conversa, sem pauta rígida, a não ser a cronológica.

Regida pela memória dos acontecimentos, pela espontaneidade dos sentimentos e pelos muitos respeitos que se percebe ter existido entre eles.

Sou da geração que conviveu com Carlos Lacerda, mesmo não tendo ele convivido, individualmente, com cada um de nós. Convivência de mão única.

Mesmo assim convivemos, inevitavelmente, diante da intensidade de sua política, pelo poder das ideias que difundia, por vezes certas, por outras nem tanto, e pela gestão de nosso Rio de Janeiro, que literalmente iluminou.

E, sobretudo, pelo surgimento da televisão como o principal meio de comunicação, quando ele foi dos primeiros políticos a saber bem usá-la.

Naquela época, a televisão ainda não era imagem. Era palavra. Era debate. Era palanque. Era púlpito. Era tribuna.

Sua fabulosa gestão da palavra, seja como espada ou escudo, ou como rosa, por vezes deixava escapar uma certa melancolia.

Quando cassado pelo regime autoritário, e depois de tudo fazer para, sem conseguir, continuar a perseguir seu sonho primeiro — o de ser presidente da república — lembro-me de uma sua entrevista ao Jornal do Brasil. Página inteira. Que não consigo localizar agora.

Era uma palavra, sempre a palavra feita então de melancolia, e que dizia quase assim. Perplexo, como se estivesse enfrentando um paradoxo inaceitável. "Como o Brasil vai dispensar, agora, pela cassação política, alguém que se preparou a vida inteira para o bem servir ao seu país? É um desperdício!"

Alguns dizem que inexiste solidão maior do que a de um político.

Será que desta vez a palavra lhe escapou?

JOAQUIM FALCÃO
Recife, dezembro de 2016.

APRESENTAÇÃO

Muitos historiadores contemporâneos tendem a não considerar determinados indivíduos de relevância especial para o curso da história. Não sou historiador nem, nos meus atuais 77 anos, sou propriamente contemporâneo; e discordo dessa posição. Entendo, ao contrário, que certas personalidades constituem atores fundamentais, motores de grandes transformações.

Imagino, por exemplo, que o mundo de hoje seria bem diferente se não tivessem surgido figuras carismáticas como Jesus Cristo e Maomé. Líderes políticos estiveram também na origem de eventos históricos. Se Adolf Hitler não tivesse existido ou não conseguisse tomar o poder na Alemanha, talvez a Segunda Guerra Mundial não tivesse ocorrido; pouco mais de um século antes, o gênio Napoleão Bonaparte transformou o mapa da Europa e espalhou por todo o mundo as ideias e as consequências da Revolução Francesa.

Admitido que as ações de determinados indivíduos podem influenciar acontecimentos históricos, meu tio Carlos foi, sem sombra de dúvida, um nome relevante na história do Brasil. Sua atuação não chegou a ser causa única, mas foi importante na queda de três presidentes: Getúlio Vargas, Jânio Quadros e João Goulart.

De um ponto de vista um pouco mais acadêmico, talvez seja possível cogitar que sua forma de liderança carismática pautou o tipo de democracia que o Brasil conheceu, entre 1945, quando caiu a ditadura Vargas, e 1964, quando se instaurou o regime militar.

Tio Carlos era um passional e despertava paixões. Havia quem se dispusesse a morrer por ele e quem desejasse sua morte. Era amado e odiado; raramente, se é que alguma vez, compreendido.

Convivi com meu tio desde que nasci até sua morte. Nunca fui nem particularmente próximo nem tampouco um mero parente distante.

Para mim, filho de seu irmão mais velho, ele era um tio, como tantos outros tios, de tantas outras pessoas. Por ter convivido com ele desde a infância, tornei-me, automática e involuntariamente, uma fonte histórica. Sou uma das últimas pessoas vivas que conheceu de perto Carlos Lacerda. O relato episódico e até confessional, de uma relação personalíssima entre um tio e um sobrinho, talvez possa emitir alguma luz aos pesquisadores do futuro sobre uma personalidade controvertida, cuja atuação influiu sobre a história do Brasil.

Em 2017, terão se passado quarenta anos de sua morte. E, até hoje, o nome de tio Carlos suscita debates que relembram as paixões que despertava quando era vivo e atuante.

Uma corrente numerosa, talvez majoritária, rotula-o como um líder direitista, reacionário e golpista, associado fundamentalmente ao golpe militar de 1964.

Coexistem, por outro lado, aqueles que consideram que ele foi um político singular, que lutava com denodo pelas causas em que acreditava e, sobretudo, que repudiava qualquer ditadura, de direita ou de esquerda.

Tio Carlos, de fato, detestava o totalitarismo comunista e qualquer forma de totalitarismo. Opôs-se frontalmente ao regime militar, quando o movimento — que ele inicialmente apoiara ao acreditar honestamente que defendia uma democracia ameaçada —, evoluiu para tornar-se uma ditadura autoritária.

Os partidários de tio Carlos enfatizam seu papel como homem que combateu com veemência a corrupção e também como um dos raros políticos que dizia sempre o que pensava ser melhor para o Brasil, agindo por idealismo, nunca por interesse. Salientam também que o ponto alto de sua carreira ocorreu nos primeiros anos da década de 1960, no governo do Estado da Guanabara, que substituiu o antigo Distrito Federal, quando a capital do país mudou-se para Brasília. Foi, dizem, o melhor governador que o Brasil já teve.

Outros, finalmente, hoje poucos, mas, a cada dia em maior número, procuram afastar-se desse viés maniqueísta, que encaixa tio Carlos como um personagem do mal ou do bem.

Opositores e adeptos (melhor dizendo, inimigos e fãs), de meu tio, reconheciam que ele era um homem superiormente inteligente e um orador extraordinário.

Sou naturalmente suspeito para emitir juízo de valor, positivo ou negativo, sobre qualquer aspecto de uma personalidade histórica a quem eu era ligado por laços de sangue e de afeto.

Este livro pretende, em síntese, revelar apenas como era, vista de perto, no ambiente familiar, uma pessoa que conheci, um ser humano, com erros e acertos, sem rótulos teóricos nem papéis políticos definidos.

Naturalmente, aparecerão, em meu relato, episódios da história do Brasil, que assisti de perto, primeiro como criança, depois como adolescente e finalmente como adulto. Esses episódios são recordados enquanto fatos objetivos, relevantes apenas porque fazem parte do contexto da relação pessoal e familiar que descrevo.

São registrados como memórias, não como informações, e podem, por isso, conter inexatidões.

Quero, em resumo, apenas revelar facetas pouco conhecidas de um ser humano marcante, uma personalidade intensa, de quem tenho muitas recordações e também muitas saudades.

Excepcionalmente, apenas excepcionalmente, permiti-me ainda, inserir algumas opiniões pessoais sobre determinados temas ou questões. Afinal, a condição de sobrinho de um personagem da história do Brasil torna suspeitos os juízos que eu possa emitir sobre ele, mas não me retira os direitos que tenho, como cidadão, de dizer publicamente o que penso.

Venham, pois, conhecer quem era, no ambiente familiar, o meu tio Carlos — não o controvertido político Carlos Lacerda —, como recordado por mim, recapitulando, com olhos de sobrinho, episódios de minha própria vida.

— I —

A DÉCADA DE 1940

Nasci em setembro de 1939; tinha, portanto, no dia 1º de janeiro de 1940, três meses de vida.

As recordações que tenho dessa década são lembranças enevoadas de infância, muitas das quais relato como foram contadas mais tarde, não como efetivamente vividas.

Com essa ressalva, localizo nos escaninhos da memória que vai aos poucos se apagando alguns registros.

A mais antiga talvez seja essa, de um dia determinado: 29 de outubro de 1945. Nesta data, Getúlio Vargas, depois de presidir o Brasil por quinze anos, após tomar o poder à testa de um movimento armado (a chamada Revolução de 1930), foi deposto por um golpe militar.

Meus pais ficaram contentes. Diziam-me que Vargas era um *ditador*, algo de ruim, que tinha perseguido o tio Carlos e que sua derrubada iria permitir que se instalasse no Brasil uma coisa boa — a *democracia*. Levaram-me até o Palácio Guanabara, então residência oficial do presidente, ainda cercado, naquela manhã, por tanques e soldados.

Entrei, nesse dia, pela primeira e única vez na minha vida

em um tanque de guerra — um espaço escuro e apertado. Depois, soltando-me da mão de minha mãe, conversei com um soldado, que guarnecia uma metralhadora pesada.

A lembrança das eleições presidenciais, realizadas pouco depois, a 2 de dezembro, também é forte. Meu pai só votou ao final da tarde e entrei com ele na *cabine indevassável*, expressão cujo significado eu desconhecia, mas que me impressionava pela sonoridade misteriosa.

Nessas eleições, tio Carlos, então jornalista, elegeu-se vereador, algo que eu também não sabia exatamente o que queria dizer, mas que devia ser importante. Senti meu pai orgulhoso, ao votar, quando colocou dentro do envelope a cédula impressa, com o nome do irmão.

Lembro-me também da decepção na família com a vitória do candidato apoiado por Vargas, o general Eurico Gaspar Dutra e a derrota do candidato pelo qual todos torcíamos, o brigadeiro Eduardo Gomes.

A memória é uma peneira psicológica. Retemos aquilo que nos impressiona, esquecemos aquilo que não é percebido como importante.

Com 6 anos de idade, eu já era impressionado por eventos políticos e já associava a figura familiar do meu tio a lutas e batalhas.

Uma das lutas, que acompanhei com entusiasmo, foi a fundação da *Tribuna da Imprensa*, jornal criado por tio Carlos como uma sociedade anônima aberta, com ações subscritas por quantos amigos conseguira para colaborar com o projeto, inclusive meu pai, obviamente, que subscreveu vinte ações, dez para ele, dez para mim.

Tio Carlos tinha, pouco antes, renunciado ao mandato de vereador, notícia que ouvi em casa e que traduzi como significando apenas que ele, por motivos que eu desconhecia, tinha deixado aquela posição por escolha própria. A criação do jornal reconstruiu perante mim a sua imagem de pessoa destacada.

Ainda da década de 1940, dois registros, ambos de atos de violência, ficaram bem gravados em minha memória. O primeiro, de que recordo inclusive o ano, 1948, foi o assassinato de Virgílio de Mello Franco. Eu estava na casa de minha tia Vera, irmã de meu pai e de tio Carlos, esperando, junto com meu primo Cláudio, que meu pai fosse nos apanhar para irmos todos almoçar em Petrópolis. Para decepção minha e de meu primo, o passeio foi cancelado. Dr. Virgílio, como era chamado em minha casa, tinha sido assassinado. Ele era muito amigo de meu pai; eu mesmo, menino, gostava muito dele. Tinha passado, na sua fazenda em Barbacena, dois fins de semana de que guardo até hoje memórias fortes.

Muito mais tarde, soube que o dr. Virgílio era também um líder político destacado, um dos fundadores do partido de tio Carlos — a UDN, líder de uma ala de oposição ao governo de Eurico Gaspar Dutra apoiada pelo meu tio.

Da época, além da decepção com o cancelamento do passeio e da tristeza que senti pela morte de dr. Virgílio — a primeira morte de alguém que eu tinha conhecido de perto — lembro-me da discussão que ocorreu na imprensa e que acompanhei, interessado: oficialmente, o assassino (que morrera também, na mesma ocasião, em consequência de tiros disparados pelo próprio dr. Virgílio em sua defesa), era um ex-empregado da casa, recentemente demitido. Chegou-se, porém, a aventar a possibilidade que, na verdade, o crime teria sido um atentado político. Não houve conclusão e o mistério permanece até hoje. O fato, que eu me lembro perfeitamente de ter lido na revista *O Cruzeiro*, é que foi encontrada, cravada em uma parede da casa do dr. Virgílio, uma bala que não pertencia nem ao revólver dele nem ao do assassino morto.

Outro atentado, claramente político e relacionado a meu tio Carlos, ocorreu pouco depois. Ele já começava, à época, a usar o rádio para programas políticos e para atacar governos. Falava na extinta rádio Mayrink Veiga e dirigia seus ataques contra o prefeito do então Distrito Federal, Ângelo Mendes de Morais, um militar aposentado. Um bando de quatro homens ou mais, posteriormente reconhecidos como capangas do prefeito, esperaram meu tio, certa noite, na saída da rádio, e deram-lhe uma surra, de castigo e advertência.

A partir desse fato, evidentemente muito comentado na imprensa e na família, o próprio tio Carlos passou a ser acompanhado por um segurança posto à sua disposição por um político conhecido. O fato marcou-me tanto que, até hoje, quase setenta anos passados, lembro-me inclusive do nome do segurança — Euclides.

Para um menino de 9 anos, o fato de meu tio ter que andar, para todo lado, acompanhado por um estranho, era algo curioso, talvez até engraçado. Meu primo Sebastião contou-me recentemente que seu pai nunca desejara ou pedira para ser acompanhado, apenas aceitara, a contragosto, o guarda-costas. Contou-me também que Euclides foi despedido em pouco tempo, quando tio Carlos soube que ele se jactava junto a meus primos, contando histórias dos *cabras que tinha sangrado,* no tempo em que ainda morava no seu estado natal no nordeste.

Hoje, relembrando o ocorrido, pergunto-me se a violência física e até mesmo o assassinato de quem se opunha ao governo não seriam quase como que um costume da época, resquício dos tempos caudilhescos da ditadura Vargas.

Das memórias que eu tenho da década de 1940, porém, talvez as que mais me impressionavam tinham a ver com as viagens que tio Carlos fazia e, sobretudo, com os presentes que trazia para mim e para toda a família.

Naquele tempo, poucas pessoas iam ao exterior. Uma viagem era um acontecimento. A família próxima despedia-se do viajante na partida e esperava-o na chegada, no aeroporto ou no cais. Tio Carlos foi, por exemplo, aos Estados Unidos de navio. Na ida, meu pai levou-me a bordo do transatlântico — chamava-se *Brazil*, era irmão do *Argentina* e do *Uruguay*, que faziam a rota da América do Sul — atracado no cais. Na volta, conseguiu uma carona na lancha que visitou o navio, manhã bem cedo, ainda ancorado ao largo, para inspeção sanitária. Depois, viemos todos a bordo do navio até o cais, assistindo à manobra de atracação.

O grande acontecimento relacionado a viagens era a abertura das malas e a distribuição de presentes. Para cada membro da família, tio Carlos trazia uma lembrança, escolhida com carinho. Ganhei dele, por exemplo, um pequeno microscópio que foi durante algum tempo meu brinquedo favorito; em outra viagem, minha primeira calça jeans, então praticamente desconhecida no Brasil, que minha mãe chamava *calça de zuarte* e que, pouco depois, tornou-se moda, conhecida como *calça Lee*.

Recordo-me ainda de comentários que ouvia em casa sobre a mudança do tio Carlos, do pequeno apartamento na av. N.S. de Copacabana onde morava, para outro, muito maior, com quatro quartos, na rua Tonelero. *O Carlos não tem mesmo juízo*, dizia meu pai. *Vai pagar um aluguel caríssimo — quatro contos e quinhentos. Não sei de onde vai tirar esse dinheiro.*

Também ouvindo comentários de meu pai à minha mãe, tomei conhecimento de outro problema doméstico: Clara era uma senhora humilde, já idosa, que morava com a família do Tio Carlos. Não era da família, não era empregada, não usava, como era costume à época, o uniforme branco de babá. Para mim, era apenas uma estranha, que eu via sempre que ia à casa de meu tio — parada olhando, com olhar distante. Clara ficou doente, tuberculosa. Meu pai, médico, conseguiu que ela fosse internada em um sanatório, como era indicado na época. Pouco depois, morreu e, só então, eu soube que ela havia sido babá, do próprio tio Carlos, de meu pai e de minha tia Vera e que continuava na casa, teoricamente como babá não uniformizada de meus primos.

Forte, bem forte e nítida, é ainda a recordação de um piquenique organizado por tio Carlos na Floresta da Tijuca, parque em meio às montanhas que circundam o Rio de Janeiro. Meu pai foi a contragosto. Não era chegado a programas ao ar livre e, particularmente, piqueniques, sobre os quais costumava dizer que era o tipo de experiência gastronômica contraditória, em que se come frio o que deve ser comido quente, e se bebe sem gelo o que deve ser bebido gelado. Mas tio Carlos insistiu:

queria reunir a família ao ar livre em um programa diferente. E lá foram todos.

Foi nesse piquenique que, pela primeira vez na vida, comi pizza, então uma novidade, trazida no farnel do tio Carlos e apresentada por ele à família como um futuro sucesso, prato popular em Nápoles, que um amigo de origem italiana estava querendo introduzir no Brasil. Talvez tenha sido uma pequena amostra, no ambiente restrito da família, de sua capacidade inata de ver à frente de seu tempo.

Foi desse conjunto de instantâneos que se construiu em mim a imagem de meu tio: uma pessoa capaz de expressar afeto, que escolhe cuidadosamente presentes para o sobrinho, que aloja em sua casa uma ex-babá idosa, que aprecia reuniões familiares, organiza piqueniques, apresenta pratos novos; e uma pessoa intensa e inquieta, que se elege vereador e logo desiste do mandato, arrecada fundos para criar seu próprio jornal, se muda para um apartamento caro sem saber direito como pagar o aluguel, fala no rádio e está sempre à procura de novidades.

— II —

A DÉCADA DE 1950

Primeiros anos — Crisma e Jornal

Ainda ao final dos anos 1940, assisti ao batizado de meus primos Sérgio e Sebastião, filhos de tio Carlos. A cerimônia, festiva e majestosa, na solene igreja de interior dourado do Mosteiro de São Bento, causou, ao menino que eu era, certa estranheza. Eu estava acostumado a ver o batismo como um ritual aplicado a bebês pequenos, em igrejas de bairro. Sérgio e Sebastião já eram meninos crescidos e a igreja do mosteiro ficava no centro da cidade.

Explicaram-me então que tio Carlos, que tinha sido durante muito tempo comunista e ateu, deixara de ser ambos, primeiro comunista, depois ateu. De uma hora para outra, ou, quem sabe, ao final de um longo e não comentado processo de questionamento profundo, convertera-se e era agora um católico devoto e praticante. Como católico, primeiro casou-se na igreja com minha tia Letícia, com quem era casado apenas no civil e, depois, batizou os dois filhos do casal.

Mais ou menos na mesma época, eu tinha feito minha primeira comunhão, estudado catecismo e também cumpria fielmente meus deveres religiosos, indo todo domingo à missa e, uma ou duas vezes ao ano, confessando e comungando.

Pouco depois de completar 10 anos, decidi ser crismado. Pelos rituais católicos, para o sacramento da confirmação, deve ser escolhido um padrinho ou madrinha, conforme o sexo de quem recebe o sacramento.

Tio Carlos era meu padrinho natural. Era meu único tio católico praticante; meu outro tio homem, irmão de minha mãe, não era muito de ir à igreja e, além do mais, era já meu padrinho de batismo. E, como se não bastasse isso, tio Carlos era um tio querido, que me dava bons presentes.

O convite deixou-o feliz. Com jeito sério e contrito, discorreu sobre como passara a se sentir melhor consigo mesmo, depois de converter-se, sobre como e porque era importante ter e seguir uma religião. Depois, com um sorriso contido, afagou-me os cabelos e declarou-se contente que eu tivesse manifestado o desejo de ser crismado e também muito honrado que eu o tivesse convidado para padrinho.

No dia da cerimônia, chegou atrasado, esbaforido, pedindo desculpas, felizmente ainda em tempo para desempenhar o papel de padrinho de acordo com o ritual.

O presente que me deu, confesso, desapontou-me um pouco. Embora eu estivesse imbuído de sincera religiosidade, entendia que o presente do padrinho, principalmente sendo o padrinho alguém que costumava dar bons presentes, seria totalmente desvinculado do sacramento, algo na linha dos presentes que os noivos recebem, quando celebram o sacramento do matrimônio.

Mas, também e especialmente em religião, tio Carlos levava tudo sempre a sério. Para minha crisma, meu padrinho me deu de presente um lindo livro, com encadernação de luxo, inúmeras fotos e muitas e detalhadas explicações didáticas sobre todos os sacramentos católicos — do batizado à extrema unção. Deu-me também um retrato que guardo até hoje, tirado em estúdio de fotógrafo profissional, com tamanho maior que o usual, em papel brilhante, com olhar também brilhante, um ar orgulhoso e alegre de quem se prepara contente para viver um destino de realizações (esta fotografia ilustra a capa do livro).

Levou a sério também sua condição de padrinho. Pelo resto da vida, nas poucas coisas pessoais que me escreveu, começando pela dedicatória ao pé do retrato que me dera de presente e passando por bilhetes manuscritos, cartões, dedicatórias de livros, uma ou outra carta — fechava sempre *com um abraço de seu tio e padrinho.*

Criado ainda na década de 1940, o jornal de meu padrinho começava, no início da década de 1950, a se tornar conhecido, apesar de atravessar dificuldades financeiras desde a fundação. Um dia, levado por meu pai, que deixara um pouco de lado sua profissão de médico para trabalhar com o irmão, fui visitar a redação, para ver, passo a passo, como era feito um jornal.

Assisti fascinado à operação das linotipos e da grande rotativa. Fiquei mais fascinado ainda quando vi tio Carlos escrevendo um de seus artigos, inteiramente concentrado, sem óculos, olhar brilhante, debruçado sobre a máquina de escrever, cujas teclas eram acionadas com força exagerada e velocidade espantosa, usando apenas os dois indicadores.

Tenho da *Tribuna* outra recordação muito forte e também reveladora da personalidade de tio Carlos. Quando ele resolveu acrescentar ao jornal um suplemento infanto-juvenil, para ser anexado, uma vez por semana, à edição do jornal. Ele descobriu na França uma revista em quadrinhos que fazia grande sucesso. Chamava-se *Coeurs Vaillants* (Corações Valentes) e, suponho, a *Tribuna* tinha comprado os respectivos direitos de edição no Brasil.

Na internet, descubro hoje que a *Coeurs Vaillants* era uma revista semanal de histórias em quadrinhos, destinada a crianças de 11 a 14 anos — exatamente a idade que eu tinha na época —, criada, em 1929, por uma organização católica chamada Organização de Obras Católicas e que os alemães proibiram sua circulação na área da França ocupada durante a guerra. Na *Coeurs Vaillants*, começaram a ser publicadas as histórias de Tin-Tim, personagem que se tornou famoso na Europa.

Para o lançamento da revista no Brasil, tio Carlos, com o mesmo entusiasmo com que se dedicava a todas as causas em que se envolvia, organizou, em uma manhã de domingo, uma apresentação especial no Teatro Municipal do Rio de Janeiro do balé *O Quebra Nozes*, de Tchaikovsky.

Tio Carlos me apanhou em casa e me levou ao teatro. Sabia que eu, ainda menino, já gostava de ópera e, como também já conseguia ler em francês, me deu um exemplar da *Coeurs Vaillants*. Ao me levar de volta para casa depois do espetáculo, perguntou-me o que tinha achado e eu, com franqueza talvez cruel e certa dose de pretensão, respondi:

— O balé achei meio ridículo, apesar de que a música é linda.

— E a revista, você chegou a ler?

— Passei os olhos. Mas, para ser sincero, achei um pouco chata. Se você quer saber minha opinião, aqui não vai pegar.

Eu tinha razão. O sonho de tio Carlos não deu em nada. Acho que o suplemento imaginado nunca chegou a ser publicado ou, se foi, durou pouco. Os heróis franceses não combinavam com o gosto dos garotos brasileiros da época, dominado inteiramente pelos heróis americanos, como o Super-Homem, o Fantasma e o Capitão Marvel.

—— III ——

A CAMPANHA DA ÚLTIMA HORA

Os artigos de tio Carlos eram geralmente sobre política e quase todos de oposição candente ao governo.

Ainda criança, embora fosse um menino curioso e atento, eu não era ainda capaz de formar ponderadamente verdadeiras opiniões. Minha adesão política era estritamente ao irmão de meu pai, por quem eu verdadeiramente *torcia*, como, no futebol, torcia pelo Flamengo.

A torcida de tio Carlos ficou desconsolada e triste quando as eleições de 1950 trouxeram de volta o ex-ditador Getúlio Vargas, agora como presidente eleito. A manchete da *Tribuna da Imprensa*, no dia da posse, quase que profética, proclamou: "Rumo ao desconhecido".

Os lacerdistas voltaram a animar-se quando começou a famosa campanha da *Última Hora*, jornal recém-fundado, de linha francamente governista. Segundo tio Carlos, o jornal governista fora criado especificamente para apoiar o governo de Vargas, de quem recebia vultosos e ilegais recursos financeiros, com os quais construiu instalações de luxo, comprou máquinas modernas, contratou a peso de ouro profissionais altamente qualificados.

A *Última Hora*, dizia tio Carlos, fazia *dumping* contra os outros jornais. Muito pouca gente, inclusive eu, sabia o que era *dumping*, mas a sonoridade explosiva da palavra impressionava. E vinha logo a explicação: qualquer produto, inclusive um jornal, de qualidade técnica superior, vendido a preço mais barato, tende a conquistar o mercado e eliminar a concorrência. Subsidiando ilegalmente a *Última Hora*, Vargas atacava a liberdade de imprensa.

O argumento era repetido e propagado, não só em artigos, mas também no rádio e na televisão, que, na época, começava no Brasil. Nem todo mundo tinha televisão em casa e havia poucos programas que despertavam interesse. Os discursos candentes e bonitos de tio Carlos atraíam atenção. Como a minha, muitas famílias costumavam sair de casa para ver televisão na casa de vizinhos e amigos. Assistir às vibrantes arengas de tio Carlos era um verdadeiro programa, que às vezes se estendia até a madrugada.

A campanha da *Última Hora* logo pegou fogo. Instituiu-se uma Comissão Parlamentar de Inquérito que, a cada dia, trazia novos depoimentos. A opinião pública se dividiu, emocionada e irracional, entre lados opostos, como em uma final de um campeonato de futebol. Os lacerdistas, entusiasmados, clamavam pela queda de Vargas; os getulistas pediam a prisão de Lacerda.

Tio Carlos subia o tom a cada dia. E investigava. Descobriu, por exemplo, documentos oficiais que provavam que o dono e gestor da *Última Hora*, Samuel Wainer, que tinha sido seu amigo próximo anos antes, não tinha nascido no Brasil. Era brasileiro, mas naturalizado. Tinha vindo para cá ainda criança, com seus pais, que emigraram de um país que ninguém sabia exatamente onde ficava — a Bessarábia — nome de uma região do sudeste da Europa, há muito integrada à Romênia. Como a Constituição então em vigor exigia que jornais tivessem como donos ou acionistas apenas brasileiros natos, Wainer não poderia legalmente ser dono da *Última Hora*.

Tio Carlos descobriu também, e revelou, lendo pausadamente na televisão os documentos, que o nome do pai de Samuel Wainer era Chaim, Chaim Veado (provavelmente tradução para o português de palavra de outro idioma) Wainer. As descobertas foram comemoradas pela torcida de Lacerda como um gol ou jogada de efeito em uma partida de futebol. Exigiram providências legais imediatas para que o jornal inimigo se enquadrasse na Constituição. E zombavam da associação jocosa do nome do pai de Wainer à palavra que, na gíria de então, era usada para designar depreciativamente um homossexual masculino.

Em meio à controvérsia da *Última Hora*, vinham críticas crescentes ao governo e ao presidente.

Tio Carlos falava geralmente na Tupi, única emissora que existia à época e pertencente aos chamados *Diários Associados*, de propriedade do conhecido político e jornalista Assis Chateaubriand e, no rádio, na Rádio Globo, a mesma que existe até hoje e faz parte das organizações do mesmo nome. A campanha contra um veículo concorrente unia as duas grandes redes de comunicação do Rio de Janeiro.

Da noite para o dia, na Rádio Mauá, estação que pertencia ao Ministério do Trabalho e ficava ao lado da Globo, no mostrador (ou *dial* com se dizia então) surgiu um orador de voz forte e discurso elegante, que, diariamente, refutava os pronunciamentos de meu tio. Seu nome — Eloy Dutra — era desconhecido.

Mais tarde, correu a notícia de que o governo abrira um concurso, mais ou menos sigiloso, para conseguir alguém que fosse moço, bonito e falasse bem, com a missão específica de tornar-se a antítese do meu tio, identificando-se como o anti-Lacerda. Curiosamente, muito mais tarde, Eloy Dutra tornou-se amigo de meu pai. Conheci-o pessoalmente. Era um funcionário aposentado da Caixa Econômica Federal, um pacífico cidadão, que cabia perfeitamente no rótulo de *bom sujeito*.

Eloy Dutra, que eu saiba, nunca confirmou ou negou que sua súbita e breve aparição como o porta-voz do anti-lacerdismo fora resultado de um concurso. As circunstâncias de sua trajetória tornam plausível a hipótese. Mas o fato é que, durante algum tempo, pouco tempo, seu nome teve certa projeção. Eloy Dutra, afinal, teve seus direitos políticos cassados pelo movimento militar de 1964.

A despeito de Eloy Dutra, a campanha de tio Carlos prosseguiu, cada dia mais intensa e abrangente. A 2 de agosto, a manchete da *Tribuna de Imprensa*, relembrada recentemente por um ministro do Supremo Tribunal Federal em um processo relacionado à série de escândalos de corrupção, apurados a partir de uma investigação na Petrobras, proclamava:

SOMOS UM POVO HONRADO GOVERNADO POR LADRÕES

Nos trinta anos anteriores a essa manchete, o Brasil havia assistido apenas uma vez, quatro anos antes, à passagem da faixa presidencial de um presidente eleito para outro. Golpes de estado e mudanças abruptas de regime quase que faziam parte da rotina da politica nacional.

Alguma coisa estava para acontecer.

IV

1954

Em 1954, de fato, aconteceram muitas coisas, certamente mais importantes que minha formatura no ginásio para a qual fui escolhido pela turma como orador.

Em uma manhã de agosto, nem bem acordei, minha mãe, assustada, me deu a notícia:

— Esta madrugada houve um atentado contra seu tio Carlos. Ele felizmente está bem. Levou só um tiro no pé; seu pai está no hospital com ele. Mas morreu um rapaz, um major da aeronáutica que estava escoltando seu tio.

Naquela mesma tarde, minha mãe e eu fomos encontrar meu tio em seu apartamento. O ambiente era febril. Sentado em uma poltrona da sala, o pé engessado estendido sobre uma mesa de centro, tio Carlos dava entrevistas. Em volta dele, aglomeravam-se profissionais da imprensa, pessoas da família, funcionários do jornal, políticos, admiradores e simples curiosos.

O mesmo ambiente prevaleceu por vários dias. Agitado, incluído na categoria de pessoa da família, mas, também e principalmente, na de curioso, eu voltei lá várias vezes. Para um garoto que ainda não tinha completado quinze anos, era uma experiência fascinante observar de perto o desenrolar de um processo histórico.

As notícias chegavam à toda hora, pelo rádio, trazidas por visitantes, pelo telefone. Ainda no hospital, contou-me meu pai, oficiais da aeronáutica, colegas do major assassinado, fardados e indignados, juraram que os autores do crime iriam ser identificados e punidos, custasse o que custasse.

Um guarda noturno, que, na noite do atentado tinha acorrido ao local ao ouvir os tiros, viu quando os perpetradores fugiam em um táxi. O guarda conseguiu furar a carroceria do carro com dois tiros, disparados à distância. Em rápidas investigações, oficiais da força aérea logo localizaram e prenderam o motorista do táxi.

Em meio à expectativa crescente e agitação geral, alguns episódios pitorescos ocorreram: uma empregada, recém-contratada, vinda do interior, perguntou um dia a minha mãe o que estava acontecendo.

— É alguma festa? — perguntou. — Nessa casa ninguém dorme, ninguém come e todo mundo toma café noite e dia.

Ela não tinha noção de que estava assistindo a um capítulo da novela da história. Outro dia, no quarto dos meus primos, cochilavam, exaustos, em uma das camas, minha avó Olga, mãe de meu pai e de tio Carlos, na outra, um jovem repórter de jornal.

Fui inclusive o personagem envergonhado daquele que talvez tenha sido o mais pitoresco desses incidentes.

Em um final de tarde, sentado na sua poltrona na sala de estar, tio Carlos gravava uma entrevista, para uma rádio de Santos.

Fazia mais um de seus candentes discursos, palavras bonitas, frases elegantes, verberando contra o governo, lamentando a morte de um jovem pai de família, que deixara órfãs quatro crianças. Em torno dele, se aglomeravam muitas pessoas, entre elas várias senhoras, do grupo das admiradoras fanáticas, apodado pelos adversários de tio Carlos como as *mal-amadas*. Na sala ao lado, alguns, mais íntimos, contentavam-se em ouvir o pronunciamento à distância. Entre esses, sentados no chão, lado a lado, meu primo Cláudio, filho de tia Vera, irmã de meu pai, e eu. Entretido com o discurso, distraí-me e, de repente, deixei escapar um sonoro peido. Com custo, meu primo, eu e as outras pessoas mais chegadas que estavam na sala conseguimos segurar o riso.

O pequeno ruído da malfadada ventosidade, desafortunadamente emitida em um momento em que o discurso fazia uma silenciosa e profunda pausa retórica, bastou para que, na sala ao lado, uma voz indignada de mulher protestasse, pedindo silêncio.

A gargalhada contida, explodiu. Enquanto o discurso era retomado, ríamos, meu primo e eu, da situação e, principalmente, do pedido de silenciar um pequeno ruído, abafado, obviamente único e já irremediavelmente emitido.

Consideramos a intervenção, vinda da sala ao lado, mais uma, dentre tantas demonstrações que considerávamos ridículas, do fanatismo irracional que muitos devotavam a meu tio.

Adolescentes ainda, mas não sem certa arrogância pretensiosa, Claudio e eu pretendíamos ter opiniões racionais e não uma adesão cega ao nosso tio. Achávamos também que o clima exageradamente emotivo, de verdadeiro fanatismo, com que alguns apoiavam tio Carlos, favorecia seus inimigos, permitindo mobilizar contra ele a poderosa arma do ridículo. A cena insólita era um instantâneo de duas posturas opostas.

As investigações para apurar os autores do atentado prosseguiam. Uma pista curiosa foi dada por um deputado e conhecido personagem, Tenório Cavalcanti, proprietário de uma metralhadora com nome de mulher — Lurdinha — e que nada fazia para desfazer a imagem pública de ser alguém que chefiava uma milícia, organizada em Duque de Caxias, uma cidade do Grande Rio.

Vangloriando-se de sua experiência pessoal em matéria de atentados à bala, Tenório diagnosticou:

— Isso é coisa de profissional. O profissional mata primeiro o acompanhante, não a pessoa que foi contratado para matar. Normalmente, o acompanhante é quem está armado e sabe atirar. Por isso atiraram primeiro no major.

A pista logo se confirmou. Com a intervenção decidida da aeronáutica, a busca pelos autores do atentado prosseguia; achado o táxi atingido pelos tiros do guarda noturno, foi fácil chegar ao motorista que, preso, logo informou que fazia ponto perto do Palácio do Catete, nova residência presidencial. E disse mais: indicou o nome das pessoas que o contrataram para levá-las ao local do crime, dois integrantes da guarda pessoal de Getúlio Vargas.

Estes também foram presos e, em pouco tempo, confessaram que um deles, e mais um pistoleiro profissional, especialmente contratado, eram os autores materiais do atentado.

Eram, todos, porém, pessoas subalternas. Era válido presumir que não tivessem agido por iniciativa própria. A ordem de matar meu tio deveria ter partido de alguém mais graduado.

Começaram então as cogitações sobre quem poderia ser o autor intelectual, o mandante do crime.

V
24 DE AGOSTO

As investigações sobre os autores do atentado já tinham sido inteiramente encampadas pela aeronáutica, chefiadas por um coronel, cujo nome logo se tornou conhecido — o coronel Adil. Os suspeitos que foram detidos não eram encaminhados a um distrito policial, mas mantidos presos em salas fechadas e isoladas da base militar do Galeão, que funcionava junto ao aeroporto internacional da cidade. A mídia cunhou um termo, logo amplamente conhecido, para designar o conjunto, investigadores, carcereiros e prisão: República do Galeão, um verdadeiro Estado, com comando próprio, fora do alcance da hierarquia institucional das forças armadas e do governo constituído.

Por volta da segunda quinzena de agosto, alguns dias após o atentado, a República do Galeão detém a pessoa a quem os criminosos confessos deviam obediência direta — Gregório Fortunato, chefe da guarda pessoal do presidente, homem de confiança que acompanhava Vargas, fiel como um verdadeiro cão de guarda, há mais de trinta anos.

Preso, em ambiente hostil, na República do Galeão, onde não vigoravam as garantias constitucionais, esperava-se que

Gregório confessasse sua participação no crime e revelasse o nome de um possível mandante, talvez mesmo Lutero Vargas, filho do presidente, talvez alguma outra grande figura da República.

Gregório, porém, sempre altivo, com orgulhosa hombridade, admitiu que dele tinha, sim, partido a ordem para o atentado; mas insistiu sempre que agira por iniciativa própria, sem receber ordem de ninguém, pedido ou mesmo insinuação. Pensava ele que, eliminando tio Carlos, agradaria seu chefe. A única coisa a mais que admitiu foi que, certa vez, em uma conversa meramente casual, em um carro que subia a serra de Petrópolis, Benjamim Vargas, irmão de Getúlio, tinha confidenciado o quanto o presidente sofria com a campanha de Lacerda.

Anos mais tarde, quando eu já estudava na faculdade, minha turma foi levada pelo professor de direito penal para uma visita à hoje destruída penitenciária Lemos Brito. Ali, vi em pessoa todos os condenados pelo atentado da Tonelero. Gregório, o mais conhecido deles, conversou com um grupo em que eu estava. Ao despedir-se, apertou a mão de todos, inclusive a minha, sem saber que eu era parente de sua possível vítima.

A figura impressionou-me. Era um condenado, mandante de um assassinato, mas, ao contrário de outros tantos, tinha postura altiva, cabeça erguida, olhar firme. Na minha imaginação, Gregório resignava-se a aceitar as consequências de seus atos, mas não se arrependia. Fantasiei que ele, anos passados, sentia ainda orgulho do que tinha feito. A lei da sociedade considerou-o criminoso e o puniu; mas ele apenas cumprira o que julgava ser seu dever moral para com o chefe a quem servia.

Simbolizava talvez um Brasil ultrapassado de lealdades cegas e violência barata.

Além de prender Gregório Fortunato, os oficiais da Republica do Galeão tinham revistado sua casa e encontrado material surpreendente, demonstrando a influência e o poder que detinha aquele homem rústico, criatura das ásperas planícies do Rio Grande do Sul do início do século passado, por força de sua proximidade com o chefe da nação. Políticos conhecidos dirigiam-se a Gregório, apresentando amigos, pleiteando favores, sugerindo nomeações, referindo negócios.

O escândalo estava criado em ambiente carregado.

Uma noite, em um dia da semana — acho que uma terça-feira — em que eu habitualmente dormia na casa de minha avó materna, do outro lado da rua — meus pais me avisaram que iam sair. Iam à casa de uma amiga, senhora de família tradicional, irmã de um destacado deputado, líder da oposição, casada com um conhecido e ilustre advogado.

Pressenti que a visita estaria relacionada aos acontecimentos políticos recentes e obtive de meus pais a promessa que, se chegasse a notícia que Vargas tinha caído, me avisassem e, se possível, me levassem junto com eles.

Pouco depois, meu pressentimento se confirmou. Meus pais cumpriram a promessa e lá fui eu com eles. Eram pouco mais de dez horas da noite. A notícia, ainda não pública, mas já confirmada por diversas fontes confiáveis, era que o ministro da Guerra tinha obtido de Vargas o compromisso de se afastar da Presidência. O afastamento seria oficialmente temporário, na verdade, definitivo. O próprio Vargas sabia disso e o vice-presidente, Café Filho, estava pronto para assumir. Tinha proposto a Vargas que ambos renunciassem e sua proposta fora recusada.

O ambiente era de festa. Além de meus pais e eu, estavam lá meu tio Carlos, esposa e filhos, o deputado, irmão da dona da casa, a viúva do major morto no atentado, oficiais da aeronáutica mais chegados, jornalistas da *Tribuna da Imprensa* e várias outras pessoas com jeito de políticos, que eu não identifiquei.

Bebia-se champagne, comia-se aperitivos, pessoas chegavam e saíam com notícias. Lembro-me que, em torno de uma da manhã, tio Carlos, que tinha saído sem que eu percebesse, voltou, contando que estivera com Café Filho.

— Ele já sabe. Está pronto. E promete que vai trocar o ministério.

Mais tarde, circulou pela sala, em primeira mão, o original do desenho feito por uma moça, de nome Hilde Weber, caricaturista da *Tribuna da Imprensa*, para a edição do dia seguinte. Era uma resposta irônica, mais uma, à alcunha que a *Última Hora* tinha inventado para ridicularizar tio Carlos e pela qual passara a referir-se a ele. Com sua voz cavernosa e presságios catastróficos, meu tio seria uma verdadeira ave de mal agouro. Um corvo, um corvo de óculos grossos, do qual se fez também uma caricatura. A ilustração de Hilde era a silhueta esguia de uma ave negra, asas abertas, cabeça apontada para cima. Em baixo, a legenda, verdadeiramente comemorativa, proclamava orgulhosa: "voando alto."

A festa durou a noite inteira. Com o sol já alto, meus pais e eu fomos embora. No trajeto, curiosos, ainda passamos pela porta do palácio do Catete e não notamos qualquer agitação, apenas um número de soldados, talvez um pouco maior que de costume, montando guarda.

Chegamos em causa exaustos e fomos dormir. Minha mãe, por cautela, tirou o telefone do gancho. Minha tia, irmã dela, foi quem nos acordou, por volta das onze horas, tocando desesperadamente a campainha. Assustada, quase gritando, contou que o rádio estava dando que Vargas se suicidara com um tiro no peito.

Foi um dia de horror. Amigos de meu pai vieram nos visitar e prestar solidariedade. No meio da tarde, mandaram-me ir até a padaria próxima comprar pão, presunto e biscoitos, para oferecer um lanche às visitas. Na fila do caixa, diversas pessoas comentavam as notícias. Havia consternação; havia também ódio e sede de vingança. Ouvi, com medo, alguém dizer:

— Esse Lacerda! Filho da puta! Acho que se ele estivesse aqui agora eu matava ele!

Tremi. Eu estava ali, eu era um Lacerda e, ainda por cima, diziam que era fisicamente parecido com tio Carlos. A puta, por acaso, era minha avó.

Voltei com as compras. À noite, fomos até o apartamento do vizinho, que já tinha em casa um aparelho de televisão, para ver as notícias. Multidões desfilavam silenciosas e compungidas pelo caixão com o cadáver de Vargas, velado no Palácio do Catete, esperando ser transportado, no dia seguinte, para ser enterrado no Rio Grande do Sul.

Houve uma ameaça de invasão ao prédio da *Tribuna da Imprensa*, que foi fechado às pressas. A edição, com a caricatura de Hilde, não chegou a circular. Pausadamente, com voz empostada e grave, o locutor leu a famosa carta-testamento deixada por Vargas. Meu tio, minha família, éramos naquele momento enquadrados como *inimigos do povo*.

Dois dias depois fomos visitar tio Carlos, provisoriamente homiziado no apartamento de um amigo, em Copacabana.

Café Filho tomou posse, os ódios se amainaram, a rotina foi retomada. O confronto entre lacerdistas e antilacerdistas, gradualmente, passou a parecer-se com o confronto, também carregado de emoção, que separava o público ouvinte de rádio, entre duas cantoras populares — Emilinha Borba e Marlene.

Na minha cabeça, tio Carlos era Emilinha, das duas a minha preferida. Marlene seria Eloy Dutra, o desconhecido de voz bonita, designado para ser o anti-Lacerda. Em outubro, ambos foram candidatos a deputado federal e se elegeram.

Para minha alegria, tio Carlos teve mais votos que Eloy Dutra.

— VI —

1955 – GOLPE E CONTRAGOLPE

Em outubro do ano seguinte, novamente houve eleições, dessa vez para presidente e vice-presidente da República (à época, votava-se separadamente para um e outro cargo). Tio Carlos apoiava, a contragosto, o candidato oficial de seu partido, a UDN, um velho militar, Juarez Távora, antigo militante de ideais exagerados de pureza e, como eu, adolescente, o percebia, um homem de horizontes estreitos e discurso pobre.

O PTB, partido ligado ao getulismo, não apresentou candidato. Fez-se representar apenas com um candidato a vice, João Goulart, Jango, gaúcho relativamente jovem, afilhado político de Getúlio Vargas. Jango ligou-se a Juscelino Kubistchek, governador de Minas Gerais, candidato de um terceiro partido, pretensamente de *centro*, ou, mais exatamente do *meio*, entre o PTB e a UDN — o PSD.

Embora não fosse nem um pouco entusiasmado pela candidatura de Juarez, tio Carlos era particularmente intenso ao opor-se à chapa Juscelino e Jango, chegando assumir postura radical: Juscelino, se eleito, deveria ser impedido de tomar posse.

Aos 15 anos de idade, já feita a escolha de que iria cursar a faculdade de direito, eu começava a assumir uma postura legalista, sempre a favor do conceito, que eu não chegava a entender precisamente, mas que me parecia ser a melhor forma de governo — o Estado Democrático de Direito.

Pela primeira vez na vida, aquilo que dizia tio Carlos estava em desacordo com o que eu pensava. Não que o discurso de Juscelino me encantasse. Se já tivesse 18 anos, idade em que, à época, se adquiria o direito de votar, eu, por certo, votaria, ainda que sem entusiasmo, em Juarez. Mas, no meu ponto de vista de adolescente, se Juscelino fosse eleito, a Constituição teria que ser cumprida. Deveria ser empossado e exercer seu mandato até o fim. Não tive, porém, nem oportunidade nem coragem de expressar minha opinião a tio Carlos.

Juscelino ganhou a eleição, embora sem maioria absoluta. No discurso de oposição de tio Carlos, introduziu-se um elemento lógico, que, anos mais tarde, foi encampado pela Constituição de 1988: se um candidato não obtém a maioria absoluta dos votos é porque metade mais um dos brasileiros não votou a favor, mas contra ele. Não era isso o que dizia a Constituição então em vigor, mas o argumento não deixava de ter uma lógica intrínseca, suficiente pelo menos para gerar uma certa polêmica doutrinária em torno da legitimidade da eleição de Juscelino. Afinal ele tinha tido apenas pouco mais de 30% dos votos.

Vivia-se ainda em uma época em que as forças armadas eram consideradas uma espécie de poder moderador. De fato, desde a Proclamação da República, aceitava-se tacitamente que os militares tinham senão exatamente um direito, pelo menos o hábito, de intervir, sem grandes contestações, nas opções políticas nacionais. Intervieram um ano antes, exigindo o afastamento de Vargas; dez anos antes, depondo o mesmo Vargas de sua posição de ditador e, em 1930, apoiando Vargas no movimento pelo qual tomou o poder. E várias vezes antes, inclusive na própria Proclamação da República.

Criou-se logo o clima que levou não a uma, mas a duas atuações militares em dias seguidos.

No início de novembro, o presidente em exercício, Café Filho, que, na condição de vice-presidente eleito, assumira o cargo após a morte de Getúlio Vargas, teve um problema de saúde e licenciou-se para tratamento, passando o cargo a seu sucessor constitucional, o presidente da Câmara dos Deputados, Carlos Luz.

Assim que assumiu, o novo presidente negou-se a receber o ministro da Guerra, general Henrique Teixeira Lott. Lott queria uma audiência com Carlos Luz para insistir em que fosse punido um coronel que, dias antes, havia contrariado a disciplina militar e feito um pronunciamento veemente contra a posse de Juscelino.

Dizia-se à boca pequena que a licença de Café Filho, era apenas — e talvez fosse mesmo — o ato inicial de uma articulação, com o objetivo de impedir a posse do presidente eleito. A partir desse pressuposto, reforçado pelo fato do presidente em exercício não o ter recebido em audiência depois de horas de espera, o ministro da guerra rebelou-se. Por ordem sua, as tropas saíram dos quartéis, depuseram Carlos Luz e instalaram em seu lugar o sucessor constitucional, o presidente do Senado, Nereu Ramos.

O golpe recebeu de seus promotores a designação, contraditória em seus termos, de "movimento de retorno aos quadros constitucionais vigentes". O ato de rebeldia do ministro Lott não podia, por definição, retornar ao que estava vigente. De acordo com os "quadros constitucionais vigentes" era Carlos Luz o presidente legítimo, com o poder de nomear e demitir ministros de estado.

A Marinha tomou posição contra o Exército.

O cruzador *Tamandaré* deixou o porto levando a bordo o presidente deposto, Carlos Luz, vários militares, principalmente da Marinha — com eles, tio Carlos —, e rumou para Santos, na esperança de que o então governador de São Paulo, Jânio Quadros, pudesse apoiar um contragolpe para derrubar Lott.

A nave de guerra e o forte de Copacabana chegaram a trocar tiros de canhão, sem que um conseguisse atingir o outro. Mas os estrondos quebraram os vidros de alguns apartamentos de frente para o mar.

O clima de guerra civil não durou mais que um ou dois dias. Logo, o Congresso aprovou o impedimento de Carlos Luz, Lott permaneceu no Ministério da Guerra, Nereu Ramos na Presidência. Tio Carlos, de volta ao Rio de Janeiro, refugiou-se na Embaixada de Cuba, de onde partiu pouco depois para um exílio autoimposto nos Estados Unidos e depois em Portugal.

Enquanto ele viajava no *Tamandaré*, minha avó, mãe dele, assustada, passou mal, teve taquicardia e pontadas no coração. Meu pai foi socorrê-la.

Os momentos intensos vividos nesses dias marcaram-me para o resto da vida. Senti minha mãe contrariada. Não era a primeira nem seria a última vez que a família vivia tensões como consequência da atuação política desabrida do tio Carlos.

— É isso, meu filho — me disse ela, em tom de advertência.

— Seu tio se mete em confusões e a família sofre.

O diálogo sublinhou um conflito que se desenhava na formação da minha personalidade e que se tornou, sem exagero, um dilema que acompanhou toda minha juventude e adentrou a idade adulta. A figura do tio Carlos, sua inquietação e sua intensidade, me impressionavam e me atraíam. Mas eu sentia que meu pai médico, minha mãe, dona de casa, de família antiga e convencional, queriam para mim outro destino, uma vida mais regrada e mais pacata, sem sobressaltos nem grandes emoções.

Antes de meu tio, meu bisavô tivera atuação política que lhe valeu uma indicação para ministro do Supremo Tribunal Federal; meu avô fora um autêntico revolucionário, especialmente ativo, um dos mais fortes apoiadores da Revolução de 1930 que levou Vargas ao poder; os irmãos dele eram militantes fervorosos do Partido Comunista.

Já uma vez, percebendo meu interesse entusiasmado pela política, meu pai tinha expressamente me pedido, com uma taxatividade que não era de seu feitio, que eu procurasse para minha vida outro caminho.

— Já aguentei três gerações de políticos: meu avô, meu pai e meus tios, meu irmão; uma quarta geração eu não aguento — e concluiu — se você pretende ser político, por favor, espere eu morrer.

Mas fomos todos visitar tio Carlos na Embaixada de Cuba, solidários a ele de coração, em um momento difícil.

Intelectualmente, o garoto de 16 anos que eu era aprendia a formar opiniões e, mesmo discordando do meu tio, aprendia também a continuar a estimá-lo e a admirar o desassombro, a coragem e a pureza com que tomava as posições do que, certa ou erradamente, lhe pareciam ser o melhor para o país.

VII

OS ANOS JK

Juscelino tomou posse; o clima de rebeldia, porém, subsistiu ainda algum tempo. Dois ou três oficiais da aeronáutica rebelaram-se e voaram para Jacareacanga, uma cidade remota do interior do Pará, de onde proclamaram-se insubmissos ao governo central. Durante alguns dias, o movimento chegou a se alastrar, mas foi logo dominado. Os rebeldes refugiaram-se em um país da América Latina, acho que a Bolívia.

Fracassado o movimento, o presidente mandou um projeto de lei ao Congresso, anistiando todos os envolvidos.

Juscelino, ou JK, como era comumente chamado, era um presidente risonho, que perseguia animadamente um projeto carregado de otimismo e sonhos. Anunciava que o Brasil progrediria cinquenta anos nos cinco de seu governo. Implantou-se a primeira fábrica nacional de automóveis, abriram-se estradas e, como prometido em discurso de campanha, construiu-se, em uma área praticamente deserta do planalto central, a nova capital do país, inaugurada ainda na gestão de JK.

Encorajado pelo clima de otimismo instalado no Brasil, entediado da vida tranquila que levava no exterior e aflito com o aperto financeiro que passava, tio Carlos decidiu retornar ao Brasil.

Era ainda deputado federal e praticamente o dono do jornal que tinha fundado. Como deputado e como jornalista, fez oposição constante a Juscelino. Verberou com veemência contra a mudança da capital, denunciava a corrupção que, dizia, imperava nas obras da construção de Brasília.

Seus pronunciamentos, por mais críticos que fossem, não eram cerceados ou censurados. Pouco eco, porém, produziam na opinião pública que, de um modo geral, não estava muito interessada em textos escritos e discursos parlamentares, impregnada pelo otimismo e o sorriso de JK.

No rádio e na televisão, porém, tio Carlos não podia falar; foi expressamente proibido por uma portaria do Ministro de Justiça.

Também no governo de Juscelino, iniciou-se, na Câmara dos Deputados, um processo para cassar o mandato de tio Carlos.

O pretexto, invocado pelo Ministro da Justiça em um ofício à Câmara dos Deputados, era que ele teria lido, em plenário, um telegrama secreto, vindo da Embaixada do Brasil na Argentina, que, supostamente, provaria ligações do vice-presidente João Goulart com o recém-deposto ditador Juan Perón. A alegação é que, ao divulgar o texto decodificado do documento, em debate transcrito no *Diário do Congresso*, tio Carlos teria cometido um atentado à segurança nacional, tornando possível desvendar os códigos usados pelos diplomatas em suas comunicações secretas. Para processá-lo pelo alegado crime, o Ministro pedia ao Congresso que desse a necessária licença.

Naquela mesma época, eu comecei a namorar. Minha namorada, a primeira que tive em minha vida e por quem, é claro, eu era perdidamente apaixonado, tinha casa em Petrópolis, no mesmo condomínio em que ficava a casa de tio Carlos. Para estar perto dela, passei vários fins de semana na casa de meu tio. O interesse maior era o romance, mas, no tempo em que eu não estava namorando, podia conversar e ouvir música com meu primo Sebastião que, como eu, era viciado em ópera, e brincar com minha prima Cristina, então uma criança encantadoramente esperta.

Além de, de quebra, conviver de perto com meu tio no ambiente estritamente familiar de sua casa na serra.

O pedido de cassação do mandato o preocupava. A imprensa governista — a mesma *Última Hora*, que tio Carlos tão intensamente atacara pouco tempo antes, dava enorme destaque ao processo. Juristas oficiais, em entrevistas e artigos procuravam, sempre no jargão empolado e prolixo comum aos bacharéis, demonstrar que, juridicamente, a imunidade constitucional de deputados e senadores no exercício de seu mandato, não os protegeria contra atos que violariam a Lei de Segurança Nacional. Meu tio teria posto em perigo a segurança das comunicações secretas de caráter internacional entre órgãos públicos. Por isso, o Congresso deveria atender ao pedido do Ministro da Justiça e autorizar que fosse aberto contra ele um processo-crime.

Em um dos fins de semana que passei em sua casa em Petrópolis, tio Carlos estava inteiramente envolvido com o preparo de sua defesa. Com o afã que dedicava a tudo que empreendia, estudou criptografia, apurou como se constroem e deciframe códigos. Lembro-me de uma noite em que, lápis e papel na mão, meu tio me mostrou como é simples e fácil elaborar um código do tipo adotado no telegrama da Embaixada.

— Isso tudo, é uma armação vil contra mim. Não causei qualquer dano ao país — desabafava indignado.

Eu concordava entusiasmadamente com ele. Tio Carlos estava sendo injusta e ardilosamente perseguido. Embora eu ainda não tivesse começado a faculdade, já me interessava por direito e parecia-me óbvio que, acima de tudo, em um regime democrático, há que garantir aos parlamentares plena liberdade de expressão.

Acompanhei o caso atentamente. Para a sustentação oral perante o Congresso, tio Carlos preparou uma peça de oratória de grande beleza literária, perfeita na forma, convincente no conteúdo.

Embora o Governo Federal estivesse interessado em ver seu mais feroz inimigo despojado de sua condição de deputado e tivesse grande maioria no Congresso, não conseguiu atingir o número de votos constitucionalmente exigido para que tio Carlos fosse cassado.

A batalha realmente tinha me mobilizado. Achava que tio Carlos tinha errado ao se posicionar antes contra a posse de Juscelino. Mas que, no episódio da cassação, ele era a vítima, como ele mesmo tinha dito, de *uma armação vil*.

Do discurso que ele fizera na Câmara, encantava-me especialmente a metáfora que tinha utilizado, comparando-se a um touro, que entra na arena, vivo, forte, de cabeça erguida, sem saber que, para vê-lo morrer, organizou-se um espetáculo festivo em que massas se divertem entusiasmadas com seu sangue e sua morte. Ou será que ele se comparara a um toureiro que arrisca a própria vida esquivando-se das investidas da besta furiosa para a alegria do povo?

Sinceramente, não me lembro qual dos dois. Lembro-me apenas de que a expressão de meu entusiasmo, despertou, mais uma vez, o temor de meus pais de que eu acabasse dirigindo minha vida para seguir os passos de meu tio.

— Ser toureiro é muito bonito — pontuou meu pai. Parece cheio de charme. Mas, ser da família de toureiro, meu filho, não é fácil.

E repetiu, mais uma vez, a advertência:

— Estou cansado de ser neto de toureiro, filho de toureiro, sobrinho de toureiro, irmão de toureiro. Estou ficando velho. Não aguento viver a velhice também como pai de toureiro.

— Você parece que herdou da família o sangue de toureiro — interveio minha mãe. Eu estou de inteiro acordo com seu pai. Vejo como sofre sua avó Olga. Mãe de toureiro é um sobressalto. Por favor, se quiser ser político espere até que seu pai e eu tenhamos morrido.

Registrei, respeitosamente, o apelo, sem nada responder. Em um lampejo, lembrei-me que, anos antes, minha mãe fizera para mim, no Carnaval, um linda fantasia de toureiro com a qual eu tinha me pavoneado orgulhoso.

Em outros fins de semana na serra, em casa de meu tio, presenciei a manifestações de entusiasmo sobre temas diferentes. O registro que me fica, em substância, é sempre o mesmo — a intensidade. Com o mesmo vigor com que atacara Vargas e

Juscelino e desmascararia mais tarde Jânio Quadros, tio Carlos se defendera na tentativa de processá-lo e defendia também, no Congresso e em artigos, o grupo de funcionários da Panair, à época, a principal linha aérea brasileira, em greve. Não me recordo exatamente do episódio, mas lembro-me perfeitamente de meu tio, perorando com veemência sobre as causas em que ia se envolvendo, em comezinhos almoços de fim de semana em família, com esposa filhos e sobrinho.

Em outro instante, referiu-se a um tema que o mobilizava. Tio Carlos tinha reapresentado ao Congresso um projeto de lei que estava há anos engavetado, propondo "as diretrizes e bases" da educação nacional; o projeto suscitou um grande debate que durou anos. A lei afinal foi sancionada em 1961, mas, com o impulso criado pelo entusiasmo do meu tio, a educação foi durante algum tempo foco de debates, no Congresso e na opinião pública.

Os fatos concretos foram reconstituídos em pesquisa. Da época, porém, recordo-me nitidamente de ouvir meu tio, no seu habitual estilo de quem protesta, propor como quem prega:

— Estão me acusando de favorecer o ensino particular. Não quero favorecer este ou aquele. Os burocratas querem apenas estatizar tudo que vêm pela frente. O ensino particular não pode ser perseguido nem discriminado. Ele tem o papel de suprir o que estado devia fazer e não faz. Acho que o estado tem mais é que dar ensino de qualidade a todos. A educação é fundamental. Um país desenvolvido é um país em todos têm acesso à educação, não é um país que constrói fábricas de automóveis enquanto destrói ferrovias.

Afinal, a tentativa de cassar o mandato de meu tio foi, para seus inimigos, um tiro que tiro saiu pela culatra. A condição de vítima e de perseguido atraiu para ele os olhos da opinião pública, fez subir seu prestígio popular e sua força dentro da UDN. Era ali que se travaria a próxima batalha, desta vez em torno de quais candidatos o partido apoiaria nas próximas eleições, marcadas para outubro de 1960, para presidente e vice-presidente e, também, pela primeira vez, para governador do Estado da Guanabara, criado para substituir o Distrito Federal, depois que, em abril daquele mesmo ano, a capital da República efetivamente se mudou para Brasília.

Como deputado mais votado do partido, tio Carlos não teve grande dificuldade em ser indicado candidato a governador da Guanabara. A verdadeira batalha travou-se em torno do candidato a presidente. Uma ala substancial do partido pleiteava um candidato do próprio partido e apoiava o então governador da Bahia, Juracy Magalhães. Tio Carlos, ao contrário, lutou com o habitual afinco para conseguir que o partido apoiasse a candidatura do governador de São Paulo, Jânio da Silva Quadros, lançada e inscrita por um pequeno partido. E venceu: a UDN decidiu, afinal, em movimentada convenção, indicar Jânio como seu candidato a presidente, ficando com o candidato a vice-presidente, uma figura símbolo de político antigo e sério, Milton Campos, então governador de Minas Gerais.

A figura de Jânio Quadros é inesquecível, como inesquecível foi sua meteórica trajetória política, subindo de anônimo professor primário a vereador, deputado, prefeito da cidade e governador do Estado de São Paulo.

Jânio aproximava-se bastante do exótico; agitado, inesperado, temperamental. Seus gestos desajeitados, seus olhos grandes, arregalados e um tanto estrábicos, atrás de grossos óculos de aro negro, chamavam atenção. Dizia-se que pulverizava com talco suas roupas para simular caspa. Ele próprio declarava que tinha apenas um único par de sapatos porque só tendo dois pés, não precisa de outros.

Jânio chamava a atenção também por seu modo de falar: pronunciava claramente cada palavra, com um sotaque peculiar, diferente de quantos sotaques regionais existiam no Brasil. Fazia questão de não omitir os "erres" dos infinitivos e os "esses" dos plurais, de não trocar o "o" por "u", o "e" por "i", o "de" por "dje", como fazem coloquialmente tantos brasileiros. Tomava um cuidado meticuloso com a correção gramatical, especialmente com o uso de pronomes, falando tão corretamente, ao ponto de ser pedante e muitas vezes difícil de entender.

Circulavam anedotas engraçadas sobre diálogos em que isso teria acontecido: Por que o senhor fez isto? Fi-lo porque qui-lo. Onde o senhor pôs o papel? Pu-lo em cima da mesa. Por que o senhor bebe tanto uísque? Bebo-o porque é líquido; sólido fora, comê-lo-ia.

Jânio pregava e praticava a limpeza; prometia varrer toda a sujeira que havia na política e adotava uma vassoura como símbolo de sua postura.

Eu, já com 20 anos, não simpatizava com ele. Achava-o afetado, artificial e demagogo. Logo nos primeiros meses de campanha, por uma contrariedade menor, ele anunciou renunciar à candidatura, forçando os partidos que o apoiavam a aceitar algum capricho a que se opunham.

Pela primeira vez, falei a sério diretamente com tio Carlos sobre política, em uma conversa social, no intervalo de uma sessão de cinema em casa de uma vizinha que morava no mesmo prédio em que ele:

— Eu acho esse sujeito um louco — disse-lhe eu um dia — se ele for eleito vai fazer o mesmo que fez como candidato, fingir que vai renunciar para conseguir coisas e tentar ser ditador.

A resposta me surpreendeu:

— É exatamente isso que vai acontecer. Fico contente de você, tão moço, ter uma noção tão aguda de política.

— Mas então, tio Carlos, se você também acha isso do Jânio porque você apoia ele?

— Por dois motivos: primeiro, porque ele vai ganhar as eleições. Isso é inevitável. O Brasil nesse momento pede um tipo assim. Depois, porque, se eu apoiar o Jânio, fico em posição melhor para denunciar, quando ele tentar fazer o que você diz que ele vai tentar e é provável que ele tente mesmo.

Foi a primeira e única vez em que percebi em tio Carlos o político, que, como um jogador de xadrez, pensa os movimentos que faz e não age por impulso. A postura, confesso, desapontou-me um pouco; mas, ao mesmo tempo, sua lógica impecável, que o futuro viria a confirmar, entusiasmou-me. Encantei-me também com o elogio à minha capacidade de analisar corretamente o cenário político.

Nas eleições de outubro, inscrevi-me e atuei como fiscal da UDN em uma das seções eleitorais. O processo democrático, observado de perto, fascinou-me. O mistério da urna, o desfile dos eleitores, a amostragem visível de uma sociedade plural e igualitária, o respeito às normas e aos rituais, tudo aquilo trazia um encanto próprio.

Com a mesma boa fé e dedicação, atuamos, o fiscal do PTB e eu, cooperativos e amigos, crentes convictos na democracia, vivida intensamente, das sete da manhã, quando nos apresentamos, às sete da noite quando, junto com o presidente da sessão, entregamos no lugar devido a urna lacrada com os votos.

Impregnei-me, mais uma vez, de entusiasmo cívico e de fervorosas convicções democráticas. A democracia, além de uma ideia, era uma emoção, tocante e bela.

—— VIII ——

O GOVERNO DO ESTADO DA GUANABARA

Acompanhei a apuração das eleições de 1960 como se fosse a final decisiva de um campeonato de futebol. Como era esperado, Jânio Quadros venceu com sobras. Milton Campos, o respeitável mineiro que o acompanhava, porém, foi derrotado. A eleição separada para vice-presidente foi vencida por Jango.

Disseram alguns que o próprio Jânio estimulou seus eleitores a votarem em Goulart, deixando que se tornasse conhecida a chapa Jan-Jan — Jânio e Jango. As objeções dos militares a um vice-presidente supostamente ligado à esquerda radical e ao peronismo poderiam vir a constituir-se em um fator a mais para permitir ao presidente eleito expandir os próprios poderes. Sabendo que haveria resistência das forças armadas a que Jango assumisse a Presidência, Jânio teria mais poder de manobra para, ameaçando renunciar, conseguir que fossem atendidas eventuais demandas suas por medidas que lhe dessem maior autonomia de ação.

Já a eleição para o Estado da Guanabara foi extremamente apertada, decidida quase voto a voto. O resultado saiu após três dias de tensão. Na minha lembrança, tio Carlos venceu seu principal adversário — o socialista Sérgio Magalhães, por uma diferença de 2% dos votos. A pesquisa que fiz recentemente confirmou a lembrança: meu tio teve 357.153 votos (37%), Magalhães 333.301 (34,9%).

Também no Estado da Guanabara, as eleições para governador e vice-governador foram separadas e, como na esfera federal, o indicado pelo governador eleito — Lopo Coelho, um político tradicional, conhecido por sua sobriedade —, foi derrotado, como aconteceu com Milton Campos.

O vice-governador eleito de tio Carlos foi Eloy Dutra, aquele mesmo político surgido durante a campanha da *Última Hora* e identificado como o paladino maior do antilacerdismo.

A cerimônia de transferência do cargo, do governador provisório, Sette Câmara, para tio Carlos, ocorreu em um dia especialmente quente do início de dezembro, no mesmo Palácio Guanabara, agora sede do governo estadual, de onde um dia, em 1945, Vargas, então ditador, tinha sido expulso do governo. Compareci, suei muito, emocionei-me tanto que nada recordo dos discursos pronunciados na solenidade de posse.

Meu tio, depois de se notabilizar durante anos como um opositor de tantos presidentes, era, a partir daquele momento, chefe do executivo estadual. A opinião pública e eu estávamos curiosos por ver com ele desempenharia suas funções.

Logo ao início do governo, tio Carlos me telefonou convidando-me para trabalhar com ele como oficial de gabinete. Refleti, hesitei bastante, mas acabei recusando o convite. Eu estava terminando o terceiro ano, dos cinco na faculdade de direito da Universidade Católica. Começara, pouco tempo antes, a trabalhar como estagiário, em um grande e conhecido escritório de advocacia e estava gostando. Era o início de uma carreira que se anunciava promissora.

Minha resposta a meu tio foi direta e franca.

— Se eu aceitar trabalhar com você, atrapalho meus estudos e perco meu emprego; daqui a cinco anos você sai e eu fico como?

Ele compreendeu com um sorriso. Mas não desistiu de rechear seu gabinete de jovens: seu filho Sérgio, nove meses mais velho que eu e meus três melhores amigos e colegas de colégio e faculdade, que formavam comigo um grupo unidíssimo: Luiz Buarque de Holanda, que trabalhava em uma autarquia estadual, a Superintendência de Urbanização e Saneamento (Sursan), Edgar Flexa Ribeiro (oficial de gabinete), Mauricio Magnavita (então começando o curso de onde se formaria como diplomata), servindo no cerimonial do governo.

Por meus amigos, acompanhei o governo em flashes:

Luiz informava-me sobre o ambicioso plano de urbanização, elaborado para a cidade-estado. O plano foi questionado, até porque foi elaborado por um arquiteto grego, Constantinos Doxiadis. Doxiadis, que eu vim a conhecer pessoalmente muito mais tarde, e que já fizera planejamentos urbanos para outras cidades, como, por exemplo, se não me engano Detroit, não conseguiu implementar seu trabalho para o Rio de Janeiro, até porque só ficou pronto ao final do governo. Mas foi utilizado por vários governos que se seguiram. Ali estava previsto, por exemplo, o traçado de algumas das principais vias expressas que hoje cortam ou envolvem a cidade.

Ainda na área de urbanização, o governo de tio Carlos deixou para a cidade dois túneis, furando as montanhas que cortam ao meio o Rio de Janeiro, separando a costa oceânica (Zona Sul) do interior (Zona Norte). O primeiro (Santa Bárbara) já vinha sendo construído há mais de dez anos e foi apenas concluído. O outro, o longo túnel Rebouças, com mais de dois quilômetros de comprimento, foi planejado e totalmente furado na rocha durante o governo de tio Carlos.

Em 1965, quando meu tio deixou o cargo, a obra já estava praticamente concluída. Por um ou dois dias, foi aberta experimentalmente. Lembro, como se fosse hoje, a emoção de percorrer pela primeira vez a maior de suas duas galerias.

O túnel Rebouças não foi, porém, a maior obra do governo, nem mesmo o túnel mais longo. Túnel muito maior, que nunca foi nem será atravessado por pessoa ou carro, foi o de um gigantesco sistema de captação de água do rio Guandu.

Com excitação orgulhosa, tio Carlos proclamava que a obra do Guandu resolveria um problema que atormentava a cidade há alguns anos — a falta de água. O problema era crônico; alguns antes, havia sido celebrado até em uma marchinha que fizera sucesso no Carnaval que, parodiando a clássica Cidade Maravilhosa, cuja letra dizia: "Rio de Janeiro, cidade que me seduz; de dia, falta água, de noite, falta luz."

A solução não chegou ser propriamente definitiva — porque nenhum problema em uma cidade se resolve definitivamente; mas, pelo menos, até o ano 2000, aconteceu exatamente o que meu tio anunciara, não faltou mais água no Rio de Janeiro.

Meu amigo e mais tarde compadre Edgar, que trabalhava diretamente com o chefe do gabinete, Rafael de Almeida Magalhães, falava com frequência e entusiasmo sobre o que ele próprio fazia no gabinete.

De Edgar ouvi, por exemplo, uma história curiosa, especialmente ilustrativa da personalidade de meu tio Carlos, que recebera da Assembleia Legislativa um ofício solicitando informações. O conteúdo da solicitação irritou-o ao extremo. Considerava-o inapropriado, abusivo, uma manobra política maliciosa e suja. Ele conversou brevemente com Edgar e pediu-lhe que minutasse uma resposta. Edgar não ponderou, não conversou. Obedeceu estritamente ao que lhe tinha sido pedido e preparou o texto de uma resposta, exatamente nas mesmas linhas dos comentários irritados que tinha ouvido. Levou a minuta a tio Carlos que, vendo escrito no papel aquilo que ele próprio tinha dito, não gostou.

— Edgar, eu peço a você uma resposta e você me traz uma crise. Por favor, refaça esse texto. Seja menos contundente.

Meu amigo, com um sorriso, ponderou que ele apenas fizera aquilo que lhe tinha sido pedido. Tio Carlos sorriu de volta e agradeceu a Edgar, admitindo francamente:

— Eu sei. Você tem razão. Eu me conheço. Às vezes perco a paciência. Obrigado. Redija, por favor, um texto mais político.

Às vezes, por falta de outros assessores como Edgar, meu tio não controlava sua impulsividade e gerava situações desconfortáveis para ele próprio. Ficou célebre, por exemplo, o despacho escrito que deu a outro ofício, este do Tribunal de Justiça do Estado, comunicando a concessão de uma liminar, que tio Carlos entendeu ser absurda e suspeitou ter sido obtida em alguma forma de conluio ilícito entre juiz e parte.

Escreveu, então, no processo, na folha seguinte à ordem que lhe fora dada: "Cumpra-se. Mas que vergonha!!!"

Acompanhei de perto também, no convívio pessoal, o trabalho do pai de Edgar, Carlos Flexa Ribeiro, nomeado secretário de Educação do governo de tio Carlos. Logo no início de sua gestão, em um passe de mágica, o "Velho Flexa", como eu e os amigos próximos de Edgar nos referíamos a ele, aumentou a disponibilidade de tempo e espaço nas escolas do estado, simplesmente ordenando que cada uma tivesse o dia de folga do meio da semana, antes às quartas-feiras para todas as escolas, em dias diferentes da semana nas várias escolas de cada bairro.

Sem passes de mágica nem artifícios, os dois Carlos, meu tio e Carlos Flexa, compreenderam a importância fundamental da educação e, durante todo o período de governo, construíram escolas públicas, quase uma por semana, admitiram professoras, criaram sistemas de controle da obrigatoriedade escolar, de tal sorte que, quando deixaram seus cargos, o Estado da Guanabara era o estado do Brasil com a melhor índice de escolaridade, à frente de todos os demais.

Falando de educação e de escolas, lembro-me de outra história que, embora, a rigor, pessoal, era um indicativo de como o governo de meu tio era diferente de outros governos no Brasil.

Eu trabalhava em um prédio cujos elevadores eram operados por ascensoristas. Um dia, um ascensorista, que eu via quase todos os dias e sempre me cumprimentava com um sorriso, disse-me que precisava de um favor meu e perguntou se podia, depois do expediente, vir falar comigo em minha sala no escritório.

Recebi-o naquele mesmo dia. Ele tinha um pedido a fazer.

A filha tinha feito concurso para professora do estado e não tinha obtido vaga. As vagas a serem preenchidas eram, por hipótese, cinquenta e a menina tinha tirado o 53º lugar, dentre mais de trezentas ou quinhentas candidatas.

— Eu sei que o senhor é sobrinho do governador, quem sabe o senhor consegue dar um jeito pra ela ser contratada.

Com todo o respeito devido a um pai aflito, expliquei pacientemente a ele que, ainda que eu tivesse o poder de fazer o que ele me pedia — que eu não tinha — se a filha dele fosse nomeada, inevitavelmente tiraria o emprego de uma outra moça, que obtivera notas maiores. A conversa durou quase uma hora. Quando foi embora, o ascensorista me agradeceu, dizendo-me, acredito que de coração, que com sinceridade:

— É doutor, o senhor tem razão. Assim é que os governos devem ser.

Na mesma ordem de ideias, caberia citar outra medida, tomada por tio Carlos, que um dia, de brincadeira, eu disse a ele ter me afetado pessoalmente: a oficialização dos cartórios.

Os cartórios de notas eram, à época, verdadeiros feudos, com que os governantes obsequiavam seus amigos, com obediência estrita à letra da lei, garantindo-lhes, para o resto da vida, uma fonte segura de renda alta, com pouco trabalho. Lembro-me de ter comentado com tio Carlos, de brincadeira, que ele bem que podia, antes de oficializar os cartórios, que passaram a ser preenchidos por concurso, ter me dado um. E disse a ele:

— O Juscelino deu um cartório como presente de casamento para o marido de uma sobrinha dele. Já eu, vou ter mesmo é que trabalhar o resto da vida.

Rimos os dois. Sabíamos ambos muito bem que o governo não era fonte de favores aos amigos ou parentes.

Da minha condição de sobrinho de governador, obtive, porém, já ao final do mandato, pelo menos uma mordomia que apreciei com gosto. Meu amigo Maurício, aquele que trabalhava no cerimonial do governo, organizou um inesquecível baile, nos jardins do Palácio Guanabara, em homenagem ao xá do Irã, Rehza Palevi e sua esposa, a famosa Farah Diba.

Consegui com Maurício um convite. Foi a única vez em minha vida que vesti uma casaca. Tão encantado estava eu com a oportunidade de estar presente a uma noite dos sonhos que, pessoalmente, providenciei, com a costureira de minha mãe, que transformasse o vestido de noiva de minha esposa em um vestido longo, traje obrigatório; com a particularidade que o casamento tinha sido mais de dois anos antes e que, na ocasião do baile, minha esposa estava grávida de alguns meses.

Porém, houve outra vantagem mais relevante, digamos, no âmbito artístico-cultural. Meu primo Sebastião, segundo filho de tio Carlos, e eu éramos apaixonados por ópera e usufruímos em todas as temporadas líricas, do camarote privativo do governador do Estado no Teatro Municipal do Rio de Janeiro.

O crítico de música da *Última Hora*, chegou certa vez a comentar sobre nós em sua coluna. Lembro-me até hoje exatamente do texto, dizia que "um dos espetáculos mais interessantes da temporada lírica em curso é ver a alegria da meninada no camarote do papai"; e acrescentava: "Os jovens talvez não primem pela compostura com seus barulhentos bravos e vivas, mais próprios talvez de uma feira que de nossa maior casa de espetáculos, mas na sua jovialidade inquieta, fazem-se pelo menos mais simpáticos que o iracundo governador". Concluía, para começar a falar da própria ópera: "A juventude do camarote governamental extasiou-se na última récita". Afinal, elogiou o nosso gosto, dizendo que a atuação da soprano Gianna D'Angelo, que interpretara na récita o papel título da ópera Lucia de Lamermoor, de Donizetti, tinha sido realmente digna de aplausos.

Coincidentemente, naquela récita, meu primo Sebastião estava viajando e a única pessoa da família do governador no camarote era eu. Senti-me, assim, pessoalmente atingido pelos comentários sarcásticos. Não foi a primeira vez que minha vida pessoal foi misturada a estocadas de cunho político. O caráter controvertido da personalidade de tio Carlos espirrava até em colunas de crítica musical.

Na verdade, a condição de parente próximo de alguém tão conhecido e polêmico, mais que vantagens desse tipo, despersonalizava e incomodava. As pessoas me rotulavam, chamavam-me pelo sobrenome e, conforme a posição política, gostavam ou não de mim, por conta de uma pessoa que não era eu.

Até mesmo o padre que celebrou meu casamento, em dezembro de 1963, iniciou a tradicional fala aos noivos, como se fosse um discurso, dirigindo-se, antes que a qualquer outra pessoa, ao Exmo. Sr. Governador do Estado da Guanabara.

Reclamei, depois, brincando com meu tio, que, pelo menos naquele dia, eu era personagem mais importante que ele.

— Nesta ópera, o tenor sou eu, você é espectador.

Meu tio sorriu, abraçou-me, beijou a noiva e desejou felicidades ao casal.

Uma vez, estive diretamente com tio Carlos no Palácio Guanabara, enquanto ele era governador. O escritório de advocacia em que eu trabalhava tinha analisado — informal e gratuitamente — a minuta de um contrato de empréstimo externo que o Estado estava negociando e fui mandado ao palácio para entregar pessoalmente nas mãos do governador o parecer, com comentários profissionais feitos pelo meu chefe.

Tio Carlos mandou-me entrar em sua sala, enquanto terminava de despachar com seu chefe de gabinete, Rafael de Almeida Magalhães. Era uma sala enorme e fria, com pesadas cortinas, que isolavam os ruídos externos, mas não conseguiam abafar o barulho constante e ritmado de seis aparelhos de ar condicionado, todos ligados.

Sentado em um sofá, eu assistia tio Carlos despachar. Processo atrás de processo, a rotina era mesma: Rafael explicava brevemente do que se tratava, tio Carlos ouvia, fazia perguntas, às vezes se irritava, outras vezes sorria e, finalmente, tomava nas mãos os autos e manuscrevia neles o seu despacho. Escrevia com tanta força que, encolhido de frio no meu sofá, eu podia ouvir nitidamente o ruído da caneta deslizando sobre o papel.

Quando terminou de despachar, chamou-me para sentar-se ao lado dele à mesa. Abriu o envelope que eu levava, passou brevemente os olhos sobre o parecer, mandou seus agradecimentos ao meu chefe e deu-se por satisfeito.

Depois, perguntou-me se eu tinha alguma coisa mais para fazer àquela tarde. Quando eu disse que não, chamou-me para ir com ele visitar uma obra, que era seu particular encanto. Aceitei e lá fomos os dois, no carro do governador, a um barracão de madeira em meio a tratores e poeira, conversar com Lota Macedo Soares, que coordenava as obras do Aterro do Flamengo. Despejava-se nas águas da baía de Guanabara a terra retirada de um morro no centro da cidade, para construir largas pistas de rolamento cortando um enorme parque arborizado, que depois, pouca gente sabe, recebeu o nome de Parque Carlos Lacerda.

O que foi dito ou conversado na reunião, pouco me recordo. Captei, registrei e fixei na memória apenas a imensa emoção que vivemos todos, alegres de estarmos contribuindo para construir algo de belo e útil que certamente viria ser, como é até hoje, passado mais de meio século, um cartão postal do Rio de Janeiro.

Sugeri que se construísse no parque uma concha acústica, mas me foi dito que os jardins já estavam desenhados e que o parque seria um amplo espaço verde, construindo-se nele apenas algumas quadras de esporte, uma marina e um restaurante turístico.

Duas outras cenas me vêm à memória, diretamente relacionadas ao governo de tio Carlos, estas vividas na casa dele. A primeira foi em uma noite de Natal.

Todos os anos, desde que eu era criança, a reunião da família para a ceia de Natal era sempre na casa de tio Carlos. Em um ano, no período em que ele era governador, a festa começou muito tarde e ainda sem ele. Um motim estava ocorrendo na penitenciária do estado e tio Carlos, avisado, decidiu ir pessoalmente conversar com presos rebelados. Os convidados esperaram até por volta da uma da manhã. Como ele não chegou, começamos a cear.

Por volta de três da manhã, tio Carlos chegou. Vinha agitado e contente. Contou que se reuniu com os presos, sentados no chão à sua volta, falando a eles, de viva voz sem qualquer proteção, apenas escoltado à distância; ouviu as principais reivindicações, prometeu atender algumas delas, estudar outras e negar de pronto outras mais. Sem qualquer violência ou ameaça, apaziguou os rebelados; ali mesmo, deu ordens a autoridades subalternas, atendendo a algumas das promessas que fizera. E ainda teve tempo de voltar para estar com a família na noite de Natal.

Alguém lhe perguntou se ele não tinha sentido medo. E ele respondeu, ainda agitado, com surpreendente naturalidade:

— É claro que senti. Não sabia quem eram aqueles homens. Tinham me dito que alguns eram perigosos e violentos. Mas que mais eu podia ter feito? Ficar aqui ceando e deixar o motim continuar?

O desassombro e a coragem, além da oratória, eram outra qualidade de meu tio que nem mesmo seus mais ferrenhos adversários lhe negaram.

A outra cena na casa de tio Carlos, não menos marcante, ocorreu em um dia de semana, à hora do almoço. Naquele dia, eu voltei da faculdade de carona com meu primo Sérgio, meu colega de turma, e ele me levou para almoçar. Tio Carlos apareceu, como fazia quase todos os dias e, como era seu costume, falando agitado sobre seu trabalho.

Naquela manhã, fora pessoalmente a uma das favelas que estava trabalhando para remover, a favela do Cantagalo. Situada em uma encosta, às margens da avenida que circunda a lagoa que banha e embeleza a zona sul da cidade, era um conjunto deprimente. Barracos de madeira, aglomerados um ao lado do outro, morro acima, construídos precariamente sem nenhuma segurança nem higiene. A água de lavar e de beber era tirada de uma ou duas bicas instaladas na parte baixa e conduzida para os barracos, em latas, equilibradas no alto da cabeça de mulheres, que subiam penosamente a encosta, ziguezagueando por íngremes caminhos. O lixo era arrastado morro abaixo pelas chuvas ou carregado em sacos despejados às margens da lagoa. Não havia saneamento. Os dejetos dos moradores também eram manualmente carregados e despejados na lagoa. Já estavam quase prontos os apartamentos construídos pelo governo do Estado para alojar os favelados do Cantagalo. A despeito das horríveis condições da favela, havia resistência. As novas habitações destinadas aos moradores ficavam distantes dos locais de trabalho da maioria.

À mesa do almoço, tio Carlos, alegre, olhar brilhante, contava:
— Hoje fui lá. E falei com as mulheres. A maioria também trabalha ali por perto. Mas elas querem se mudar. Querem muito. Não aguentam mais ver os filhos crescer em meio à imundície, pegando doenças, respirando fedor. Tenho certeza que elas vão conseguir convencer os maridos.

A mudança, afinal, se fez em clima consensual e ordeiro. Nos lugares onde estavam as favelas, hoje existem parques arborizados. No lugar de uma terceira favela, perto do estádio do Maracanã, foi construída, ainda no governo de tio Carlos, uma universidade, a então Universidade do Estado da Guanabara, hoje Universidade do Estado Rio de Janeiro (UERJ).

Depois que as mudanças da favela do Cantagalo e de outra nas mesmas condições no morro do Pasmado foram completadas, os barracos desocupados foram incendiados. Por isso, tio Carlos chegou a ser chamado de Nero e circulou o boato mentiroso de que pertences dos moradores e, possivelmente, algumas pessoas, tivessem sido carbonizados.

Foi mais uma de várias versões caluniosas de fatos que seus inimigos fizeram circular. Outra mentira foi atribuir a meu tio e a sua secretária de Serviços Social, Sandra Cavalcanti, a responsabilidade por um crime hediondo, praticado por policiais — a morte e ocultação de cadáver de pessoas em situação de rua cujos corpos baleados foram descobertos no fundo de um rio distante. Os autores do crime foram identificados, processados, condenados e punidos, mas alguns inimigos de meu tio chegaram a insinuar que ele e Sandra teriam tolerado — talvez até ordenado — a política assassina.

Aponta-se que meu tio teve a seu favor governar uma cidade-estado, que arrecadava ao mesmo tempo tributos estaduais e municipais e ter recebido auxílio financeiro dos Estados Unidos, com apoio do presidente Kennedy, com quem se encontrou uma vez.

O fato, porém, é que até mesmo os inimigos de tio Carlos, a não ser aqueles mais exaltados, admitem que seu governo no Estado da Guanabara foi exemplar e deixou à cidade-estado um legado precioso e duradouro. Eu mesmo, embora admitindo que minha opinião é suspeita, não tenho vergonha de dizer que, no meu tempo de vida, nunca houve no Brasil qualquer governo, municipal, estadual ou mesmo federal, tão bom como o do Estado da Guanabara, nos cinco anos que durou o governo de meu tio.

Um político tão identificado com a oposição a Vargas mostrou que, tão bem ou melhor do que atacar governantes era saber ser governo e fazer da sua administração não apenas degrau de uma carreira ambiciosa, mas exemplo de dedicação e espírito público.

— IX —

ALGUNS MESES DE JÂNIO QUADROS

Enquanto tio Carlos governava a Guanabara, Jânio Quadros presidia o Brasil. Nos poucos meses na Presidência, Jânio praticou diversos atos que deram o que falar. Logo no início do mandato, com grande ênfase, anunciou medidas econômicas drásticas para tentar controlar a inflação que, impulsionada pelos gastos públicos da construção de Brasília, ameaçava crescer além do razoável.

Em medida muito discutida, condecorou com a Ordem do Cruzeiro do Sul o líder Che Guevara, argentino radicado em Cuba, braço direito de Fidel Castro. Cuba era percebida claramente como a cabeça de ponte do comunismo nas Américas e a Guerra Fria se tornava mais tensa a cada dia. A condecoração a Guevara, justamente o personagem que personificava o movimento de avanço da doutrina comunista na América Latina, desafiou interpretações e gerou verdadeira perplexidade.

Mostrando seu viés conservador e detalhista, Jânio baixou um decreto proibindo as brigas de galo; outro decreto proibiu que, em concursos de miss que fossem exibidos pela televisão, então bastante populares, as moças desfilassem de biquíni, aliás, de maiô de duas peças.

No meio de agosto, em pronunciamento na televisão, tio Carlos veio a público denunciar aquilo que, como eu tinha previsto no ano anterior, estava acontecendo. Jânio estaria tentando dar um golpe.

Tio Carlos contou que tinha ido a Brasília para conversar com o presidente sobre diversas questões que o preocupavam. Fora recebido por Jânio, jantou com ele em sua residência oficial no Palácio da Alvorada, mas não conseguiu iniciar a conversa séria que desejara. O presidente se esquivava, convidando tio Carlos para ver filmes e tomar uísque na sala de cinema do Palácio. A certa altura, após conversar por telefone com o Ministro da Justiça, Oscar Pedroso Horta, Jânio sugeriu a meu tio que fosse procurá-lo. Tio Carlos resistiu, disse que estava em Brasília para falar com o presidente, não com seu ministro. Acabou, porém, aceitando a sugestão e deixou o Alvorada para encontrar Pedroso Horta em sua casa. Lá, teria recebido uma sondagem, quase uma insinuação, para colaborar com um projeto de introduzir no Brasil um inespecífico "estado de exceção".

A história contada por tio Carlos é que ele se recusou a continuar a discussão e voltou ao Alvorada, onde tinha sido convidado pelo presidente para pernoitar. Um funcionário o recebeu à porta e lhe entregou a mala que tio Carlos havia deixado lá ao sair para reunião com Pedroso Horta e comunicou-lhe que o presidente tinha reservado para ele uma suíte no Hotel Nacional, à época, o principal hotel de Brasília.

Já tarde da noite, quando se preparava para dormir, tio Carlos foi procurado no hotel pelo ministro da Justiça que, desta vez, foi mais explícito, convidando-o diretamente a participar de um movimento com vistas a suspender o funcionamento do Congresso, que estaria criando dificuldades a medidas que o presidente julgava necessário implantar. Os ministros do Exército (Odylo Denys) e da Marinha (Sílvio Heck) já estavam informados. Caberia a tio Carlos trazer para o movimento o ministro da Aeronáutica (Gabriel Grüm Moss), a quem era mais chegado.

Tio Carlos recusou o convite e após alguns contatos discretos e secretos, decidiu ir à televisão denunciar publicamente aquilo que via como uma conspiração em curso.

Horas depois, Jânio enviava ao presidente do Congresso uma carta, datada de 25 de agosto, renunciando ao cargo, que dizia não conseguir mais exercer como julgava necessário.

Foi noticiado que Jânio teria atribuído sua renúncia à atuação de estranhas "forças ocultas" que o impediam de governar. Parece que ele não usou de fato essa expressão, mas a história correu e, algum tempo depois, apareceu no mercado uma nova marca de cachaça — Forças Ocultas.

Diretamente sobre o episódio da renúncia de Jânio, ouvi tio Carlos contar, para um grupo pequeno, a impressão que lhe causara a sessão de cinema com Jânio no Palácio da Alvorada. O presidente bebeu sem parar, várias doses de uísque puro, praticamente uma garrafa inteira, iniciou a exibição de três ou quatro filmes diferentes sem ver nenhum até o fim, agitado, quase desconexo.

Por iniciativa própria, localizei no *Diário do Congresso* as notas da sessão onde fora lida a carta subscrita por Jânio, e observei que, imediatamente após a leitura, um deputado ou senador conhecido por ser ligado a Jânio, propusera que o

Congresso Nacional não aceitasse a renúncia. A iniciativa não foi adiante tendo o presidente do Senado proclamado que a renúncia era ato estritamente unilateral, sobre o qual não cabia ao legislativo deliberar o que quer que fosse, cabendo-lhe apenas tomar conhecimento.

Lembro-me também de ter assistido alguém contar, no gabinete do meu tio, que ouviu de uma suposta testemunha que Jânio, ao deixar Brasília para São Paulo no avião da Presidência e chegar ao aeroporto de Cumbica, tomou conhecimento de que o anúncio da renúncia não tinha provocado qualquer reação, no Congresso ou nas ruas, caiu em pranto convulso, repetindo várias vezes: "Não era isso, não era isso que eu queria."

O fato é que, em poucas horas, Jânio deixara de ser o presidente. Na ordem natural das coisas, o vice-presidente João Goulart deveria assumir o cargo. Mas Jango estava fora do Brasil, em viagem à China. O presidente da Câmara dos Deputados, Ranieri Mazzili foi empossado provisoriamente na Presidência. E logo proibiu, por decreto, que se realizassem corridas de cavalo aos sábados.

Os ministros militares, Odylo Denis, Sílvio Heck e Gabriel Grüm Mosso deixaram claro que se opunham a posse de Jango. O vice-presidente teria claras tendências comunistas, tinha ido justamente encontrar-se com líderes da República Popular.

A guerra fria esquentava. Che Guevara, condecorado por Jânio, proclamava ter sido indicado por Fidel Castro para disseminar o comunismo na América Latina.

Os ministros militares, agindo em perfeita união, pareciam decididos.

Já tio Carlos mostrava-se, como eu nunca o vira antes, atordoado. Instalou uma cama em seu gabinete e permaneceu no Palácio Guanabara por dias seguidos. Falava ao telefone, recebia os mais diversos visitantes, tomava providências, dava declarações contraditórias. Ao mesmo tempo em que era visceralmente contra o comunismo e temia o que poderia acontecer se Jango tomasse posse da Presidência, sabia muito bem que quebrar a regra constitucional e impedir o vice-presidente eleito de substituir o presidente representaria uma fratura grave na ordem constitucional do país, quebrando o ambiente democrático que parecia ter florescido com a eleição de Jânio.

Com 21 anos de idade, tornei-me um espectador privilegiado dos acontecimentos que se sucediam freneticamente. Instalou-se no gabinete um tumulto ininterrupto; autoridades, admiradores, amigos funcionários, políticos, repórteres entravam e saíam, noite e dia sem parar. E eu, entre eles, curioso, vivendo intensamente mais um momento da história.

Minha opinião tinha a clareza e simplicidade das verdades absolutas: só havia uma coisa a fazer — empossar Jango logo e passar a vigiá-lo de perto. A Constituição deveria ser, por si só, a proteção maior de uma democracia. Tanto naquela hora, como mais tarde. Se o novo Presidente tentasse quebrar a ordem jurídica institucional, aí sim, que fosse apeado do poder. Naquele momento, porém, ele era o legítimo sucessor do presidente renunciante, que viajava para a Inglaterra de navio.

Cheguei a expressar meu pensamento em alto e bom som a tio Carlos, A resposta que recebi foi sumária e inconclusiva:

— Não é tão simples como parece, meu filho.

Meu pai, também ali por perto, dava paternalmente ao irmão mais moço um conselho prático:

— Carlos, esses militares não têm a força que dizem ter. Não vão conseguir nada. Faça logo um pronunciamento público a favor da posse do Jango.

O impasse ia se agravando. Goulart retornou de sua viagem, diretamente para o Rio Grande do Sul, cujo governador, seu cunhado Leonel Brizola, incitava-o publicamente a ordenar ao exército ali sediado que saísse em campo e marchasse para Brasília. Era preciso formar uma "rede da legalidade", cumprir a lei, defender o povo, mesmo que fosse necessário o derramamento de sangue.

A toda hora chegavam notícias frescas dos debates no Congresso, trazidas por senadores e deputados que apareciam no palácio.

Procurava-se, no parlamento, uma solução política que atendesse em parte ao radicalismo mostrado pelos ministros militares, sem uma ruptura flagrante da ordem constitucional.

A crise aguda durou apenas alguns dias. No início de setembro, o Congresso Nacional promulgou uma Emenda Constitucional instituindo no país o regime parlamentarista. Goulart tomaria posse, mas seus poderes seriam reduzidos. Um ano e meio depois seria convocado um plebiscito para confirmar ou rejeitar a mudança de regime.

Os ministros militares, enfraquecidos, aceitaram a solução e logo Goulart voou pacificamente do Rio Grande do Sul para Brasília, tomou posse, no dia comemorativo da Independência, e nomeou, como primeiro-ministro, um hábil, tranquilo e respeitado político mineiro — Tancredo Neves.

Depois de quase duas semanas morando no Palácio, tio Carlos voltou a seu apartamento.

Lembro-me finalmente, com nitidez comovida, que, já perto do final da crise, mas ainda em ambiente tenso, tio Carlos perguntou a data do dia a uma das pessoas a seu redor. Informado que era 3 de setembro, olhou para mim, ali perto, e disse com simplicidade:

— Ih! Meu afilhado! Hoje é seu aniversário. Não deu para comprar um presente... Desculpe.

Tirando do bolso o talão preencheu e assinou um cheque, que me entregou com um abraço carinhoso.

— Parabéns. Felicidades.

— X —

FORMATURA

Meu primo Sérgio e eu fomos colegas de colégio e cursamos na mesma turma os cinco anos da faculdade de direito. Em dezembro de 1962, nos formamos.

Era uma época de intensa ebulição politica. No mundo, a Guerra Fria nunca esteve tão perto de explodir em uma guerra atômica do que quando, em outubro daquele ano, o presidente Kennedy mandou navios de guerra para bloquear o mar em torno de Cuba a fim de impedir que chegassem à ilha equipamentos russos, que vinham sendo transportados para a instalação de uma base de lançamento de mísseis. No Brasil, Jango presidia, em um regime artificialmente parlamentarista, e estava marcado para dali a alguns poucos meses o plebiscito que iria decidir pela volta ou não ao presidencialismo.

As conversas, escolhas e atitudes estavam divididas e radicalizadas, entre abstrações enevoadas e confusas de esquerda e direita, comunismo e capitalismo, Estados Unidos e União Soviética.

Para a formatura, era preciso eleger para a turma que se formava um paraninfo, alguém ligado geralmente ao corpo docente, significando uma homenagem essencialmente afetiva, e um patrono, um nome representativo de algo parecido com uma opção institucional. Essa era a tradição e os bacharéis em direito tendem a ser tradicionalistas.

Um grupo queria que ambos, paraninfo e patrono, fossem pessoas associadas à esquerda; outro, mais numeroso, preferia que a escolha recaísse em nomes contra a esquerda (não propriamente "de direita" porque o conceito de direita já então trazia uma conotação pejorativa e ninguém se declarava como tal).

Depois de muitas discussões chegou-se finalmente a um consenso, ao mesmo tempo radical e democrático. O paraninfo seria o professor de direito do trabalho, um conhecido jurista de nome Délio Maranhão.

Délio era marxista convicto e, embora não um militante ativo, ligado ideologicamente ao comunismo. Tinha confessado sua ideologia logo na primeira aula, avisando que, por pensar como pensava, não comungava com a ideologia oficial "da casa" — estávamos na Universidade Católica — e, por isso, havia se comprometido com a reitoria a ser apenas técnico. Não discutiria as tensões sociais e os movimentos populares que historicamente geraram a criação do direito do trabalho, como um ramo específico do direito. Iria apenas explicar tecnicamente os dispositivos da legislação trabalhista em vigor no Brasil.

Talvez até pela própria limitação que Délio tinha imposto a si mesmo, suas aulas eram animadas, instigantes e claras. Bem diferentes de muitas outras que tivemos ao longo do curso, com professores de fala empolada, monocórdios e enfadonhos.

Délio Maranhão era, como pessoa, querido por todos os alunos. Um episódio ilustra bem sua personalidade.

Como todos os comunistas, Délio era radicalmente contra tio Carlos. Um dia, na secretaria da faculdade, verberou contra ele, repetindo tudo que costumavam dizer seus inimigos: que meu tio era um reacionário de direita, golpista, autoritário, agente do imperialismo etc. Em meio ao seu discurso, meu primo Sebastião, também aluno da universidade, entrou na secretaria para tratar de um problema burocrático e ouviu parte do que Délio dizia de seu pai. Acostumado, como todos da família, a cenas daquele tipo, Sebastião discretamente retirou-se. O professor a quem Délio falava advertiu-o:

— Você dizendo tudo isso do Lacerda e o filho dele ali ouvindo.

Délio, instintiva e imediatamente, levantou-se e, andando apressadamente, quase correndo, foi atrás de meu primo, alcançando-o metros adiante, à porta do elevador. Na frente do grupo que esperava, desculpou-se:

— Eu não sabia que você era filho do Lacerda. Eu realmente penso tudo aquilo que disse de seu pai, mas se soubesse que você estava ali, nunca teria dito o que disse dele. Desculpe-me.

Meu primo sorriu, concedeu, é claro, as desculpas pedidas, tomou o elevador que chegara e foi embora.

Todos que assistiram a cena registraram a lição valiosa de como conciliar posturas ideológicas radicais com a convivência respeitosa e humana entre pessoas.

Por tudo que representava, a escolha de Délio como paraninfo da turma de 1962 foi uma unanimidade. Recebeu os votos de todos, alguns por sua postura ideológica e outros, como eu, apenas por suas atitudes pessoais.

Em contrapartida, tio Carlos, também como candidato único, foi escolhido como patrono da turma, com uma discreta abstenção do pequeno grupo radical de esquerda.

O abismo ideológico entre patrono e paraninfo gerou a expectativa de que a solenidade de formatura fosse menos enfadonha do que costuma ser normalmente esse tipo de ritual.

A expectativa frustrou-se. Délio falou primeiro e, com grande elegância cumprimentou meu tio, pela extrema alegria que imaginava estar vivendo, "por poder estender sua condição natural de pai do Sérgio e tio do Gabriel a toda a turma do filho e do sobrinho". No mais, fez um discurso sóbrio, enfatizando a responsabilidade dos novos bacharéis por receberem seu grau em época tão conturbada por radicalismos e ameaças de conflitos, no Brasil e no mundo.

Tio Carlos, sentado ao centro da mesa, avisado da ideologia e ciente das qualidades humanas do paraninfo da turma, procurou não ser polêmico. Tinha preparado e leu um discurso longo e elaborado, difícil de acompanhar.

Falou sentado à mesa, de frente para a plateia e de costas para os formandos.

A solenidade ocorreu no prédio que serviu ao mesmo tempo de auditório e ginásio da universidade, na verdade, um grande galpão, coberto com telhas de amianto, que tinham passado o dia inteiro expostas ao sol forte de dezembro, transformando o ambiente fechado em uma verdadeira estufa.

Aglomerados no palco, envergando longas becas de brim vermelho sobre trajes de festa, vestidos elegantes para as moças, terno e gravata para os rapazes, os formandos, banhados de suor, ansiavam que terminasse a solenidade; os discursos, especialmente o longo texto, lido pausadamente por tio Carlos, pareciam inacabáveis.

Do alto do palco, de frente para a plateia, eu vi os espectadores que iam, um a um, levantando-se de seus lugares e, abanando as mãos em leque, caminhando para a entrada aberta. Daquela noite, tenho uma recordação enevoada apenas.

Nunca em sua vida, tio Carlos, cujas qualidades de orador extraordinário eram reconhecidas até mesmo por seus mais ferozes adversários, tinha feito um discurso tão mal recebido como o que proferiu na formatura de seu filho mais velho e de seu sobrinho.

Mais tarde, ele me disse que naquela noite estava gripado, com dor de garganta e febril, e, por isso, falara sentado e devagar. Do pouco que eu me lembro do discurso, acho que talvez a emoção, tão bem sintetizada pelo paraninfo da turma, tivesse de alguma forma tolhido sua imaginação e empanado seu brilho habitual. Tio Carlos, como certo dia me confessou por escrito, era, no fundo, um tímido, especialmente na expressão de suas emoções afetivas.

Do episódio, em seu conjunto, ficou também a memória, esta bem nítida, de um tempo em que as qualidades humanas e a noção compartilhada de valores democráticos permitiam que posições radicalmente opostas pudessem ser expressas em convivência amena.

— XI —

MARÇO DE 1964

Depois da renúncia de Jânio, tio Carlos manteve-se ocupado, principalmente com o Governo do Estado, tocando pessoalmente as obras que empreendera e queixando-se de estar sendo sabotado pelo Governo Federal. Trabalhou também — e conseguiu — lançar-se candidato a presidente da República, pela UDN, nas eleições, marcadas para outubro de 1965.

Em Brasília, Jango conduziu sua administração de forma surpreendentemente pacífica, exercendo seu mandato dentro dos apertados limites fixados pela emenda parlamentarista.

Seu cunhado, Leonel Brizola, ao contrário, agitava-se em uma intensa campanha pelo restabelecimento do presidencialismo, no plebiscito, convocado para abril de 1963.

Foi o que realmente aconteceu. A vitória do presidencialismo foi expressiva.

Brizola animou-se e, com discursos cada vez mais inflamados, incitava o cunhado bonachão a tomar medidas radicais.

Começou a formar-se, de um lado e de outro, um clima pesado de conspirações e movimentos.

No mundo, a Guerra Fria era, cada dia, menos fria. Em outubro de 1962, a chamada Crise dos Mísseis deixara o mundo em sobressalto. Viveu-se, em todo o planeta, o receio fundado de uma confrontação nuclear, que, felizmente, não se consumou. Mas o susto marcou.

A disputa entre as duas grandes potências em confronto repercutia em todo mundo. Os países eram pressionados a se alinhar com uma ou com outra. Embora presidido por um homem associado à esquerda, o Brasil era um país capitalista e, a despeito de ocasionais rupturas, uma democracia constitucional. A pobreza e as desigualdades sociais extremas, entretanto, tornavam o país um campo fértil para a pregação dos países comunistas.

Sabia-se, e era natural, que os Estados Unidos e o bloco comunista lutassem arduamente para ser a influência predominante no país e, veladamente, ou até abertamente, apoiassem uma das facções nacionais em confronto. Acreditava-se que dinheiro americano suportava movimentos de resistência ao comunismo e que dinheiro russo financiava a agitação esquerdista que Brizola incentivava. Que eu saiba, nunca se chegou a provar cabalmente uma coisa ou outra. Mas, provavelmente, ambas eram verdadeiras.

Certamente verdadeiro era que Brizola propugnava por reformas radicais — as chamadas "reformas de base" — de viés claramente esquerdista. Mas o Congresso estava funcionando e, embora tivesse aprovado medidas como a famosa Lei de Remessa de Lucros — que limitou severamente e, na prática, fechou por alguns anos, a remessa de dividendos a investidores estrangeiros — era, em sua maioria, conservador e certamente recusaria transformações radicais.

No início de 1964, a campanha esquerdista se intensificou. Era necessário e urgente fazer uma reforma agrária radical com expropriações amplas, pagas com títulos da dívida pública; os cabos e sargentos das forças armadas eram incentivados a reivindicar melhoras substanciais de salário e incitados à rebeldia.

Por todo o país, Brizola organizava pequenas milícias armadas, a que chamava "grupos dos onze", porque formados sempre por onze homens, dispostos a lutar até a morte contra qualquer reação às reformas propostas.

No dia 13 de março, realizou-se um grande comício, no Centro do Rio de Janeiro, na larga avenida em frente à Estação da Estrada de Ferro Central do Brasil. Brizola era, sem dúvida, o principal líder. Seu cunhado, presidente, compareceu, ao lado de sua bela esposa.

Embora demonstrando certo constrangimento, Jango apoiou, com sua presença, acenos de cabeça e palavras discretas, discursos incendiários, verdadeiramente revolucionários.

Pregou-se ali, com transmissão ao vivo pela televisão, que as reformas de base teriam que ser feitas, que iam ser feitas, de preferência, dentro da lei, mas, se necessário, "na marra". O incitamento à tomada violenta do poder absoluto não poderia ser mais direto.

Ao mesmo tempo, é lógico, do lado contrário, conspirava-se intensamente. Eu tinha me formado em dezembro de 1962, me casado em dezembro de 1963 e, embora preocupado com a situação política, concentrava meus esforços e ações no trabalho e na família. Mas, na minha própria família, do lado de minha mulher, meu sogro, engenheiro aposentado e rico, me mantinha mais ou menos informado dos movimentos de resistência de que ele participava ativamente.

Assisti passo a passo à organização de um movimento popular de protesto contra as demandas radicais — com um título de sabor pronunciadamente pequeno burguês: Marcha da Família com Deus e pela Liberdade — que, dias após o comício da Central, congregou uma grande multidão em São Paulo. Uma nova manifestação estava marcada para o Rio de Janeiro.

Conheci também, pessoalmente, o famoso general Golbery do Couto e Silva, considerado o cérebro da conspiração militar, amigo pessoal de meu sogro, que trabalhava com ele em um instituto, supostamente cultural, de fato dedicado a coordenar esforços contra o movimento de esquerda radical.

Para esse instituto, escrevi, sob contrato, meu primeiro livro, destinado a esclarecer a população sobre o plebiscito que estava para se realizar e as diferenças entre presidencialismo e parlamentarismo. Acho que desapontei o general, porque concluí a explicação expondo minha opinião no sentido de que, para o Brasil, o presidencialismo era, de fato, o regime mais adequado.

Do lado de meu tio ou de seus auxiliares, nunca ouvi qualquer notícia ou notei qualquer atividade conspiratória. Mais tarde, uma grande amiga me disse ter ouvido de um general, que era um dos mais notórios conspiradores, que o grupo que coordenava o movimento tinha propositalmente deixado tio Carlos de fora das articulações.

O general em questão teria dito, literalmente:

— Contávamos que o Lacerda fosse nos apoiar, mas achamos melhor não colocá-lo a par de nada. Temíamos que, se ele fosse informado, não ia saber guardar segredo e ia logo para a televisão fazer discurso pedindo a derrubada de Jango.

No dia 31 de março, ainda pela manhã, no escritório, fui informado de que havia começado em Minas Gerais um levante contra o governo e que tropas já marchavam para o Rio de Janeiro. A informação veio em primeira mão, em um telefonema ao meu chefe, que tinha amigos próximos no exército. O escritório fechou mais cedo e fui para casa acompanhar o noticiário.

A informação logo se espalhou. Já ao início da noite, o Brasil inteiro sabia que estava em curso um movimento militar para derrubar João Goulart. Três governadores, civis e eleitos, Magalhães Pinto, de Minas Gerais, Ademar de Barros, de São Paulo e tio Carlos, da Guanabara pronunciaram-se apoiando o movimento.

João Goulart, naquele dia, estava no Rio de Janeiro, na residência oficial do presidente na cidade, o Palácio Laranjeiras, distante poucas quadras do Guanabara, sede do Governo do Estado. Ali, Tio Carlos se entrincheirou. Fechou com carros as ruas em volta, convocou efetivos da Polícia Militar, chamou os secretários de governo, os amigos mais chegados, os filhos, o irmão — meu pai —, deu-lhes armas e ficou esperando.

Cheguei a pensar em ir para lá, juntar-me ao grupo. Mas, confesso, senti medo. Havia um risco efetivo de confronto a bala e eu, jovem, recém-casado, não levava minhas convicções ao ponto de dispor-me a dar minha vida para defendê-las.

Fui, com meu amigo Edgar Flexa Ribeiro, para a casa do pai dele, no bairro de Botafogo. Dali, pelo rádio e pelo telefone, acompanhávamos o desenrolar dos acontecimentos. A grande dúvida, inicialmente, era a posição que assumiria o comandante do exército sediado em São Paulo, general Amaury Kruel. Telefonei para um amigo próximo, sobrinho do general, que me confirmou que o tio dele tinha se decidido a apoiar o movimento de rebeldia. A notícia se confirmou pouco depois: também de São Paulo, tropas marchavam para o Rio de Janeiro; para as duas frentes, o ministro da Guerra de Jango anunciou ter enviado destacamentos armados para deter o avanço dos rebeldes.

A situação estava tensa. No bairro de Laranjeiras, em prédios distantes a cerca de um quilômetro um do outro, presidente e governador, cercados, aguardavam ansiosos o desenrolar dos acontecimentos. O rádio divulgava pronunciamentos de aliados de um e de outro: Leonel Brizola, do Rio Grande do Sul, verberava contra a tentativa de *golpe* em curso. Ademar de Barros, de São Paulo, dizia que a *revolução* seria vitoriosa e exortava os cariocas a esperar com confiança a chegada das tropas de Kruel.

Por volta de uma hora da manhã, soou o telefone na casa dos Flexa Ribeiro. Do Palácio Guanabara, meu primo Sebastião ligava. Aos arrancos, compartilhou com meu amigo Edgar sua aflição:

— Chegou aqui a notícia que o Aragão acaba de sair do Ministério da Marinha com uma tropa de fuzileiros para nos atacar aqui no Palácio. Veja se vocês aí apuram se é isso mesmo e se podem fazer alguma coisa.

Aragão era um almirante, comandante do Corpo dos Fuzileiros Navais que, por várias vezes, se identificara publicamente com as mensagens mais revolucionárias de Brizola.

Edgar, para minha surpresa, respondeu, simples e seguro:

— Deixa comigo. Tenho uma ideia. Daqui a pouco ligo de volta.

Explicou-me, rapidamente, sua ideia e saiu depressa para tocar a campainha do portão da casa ao lado.

O vizinho, no caso, era um notável jurista, que chegara inclusive a ser convidado por Jango para ser primeiro-ministro e fora recusado pelo Congresso — Santiago Dantas. Santiago era amigo íntimo do pai de Edgar, que o conhecia, assim, desde menino.

Minutos depois, Edgar voltou, orgulhoso e contente, contando afobado como tinha transcorrido a visita:.

— Cheguei lá e fui direto ao assunto. Disse a ele: "Tio Santiago, acabo de receber um telefonema do Palácio Guanabara dizendo que está correndo por lá a notícia de que o Aragão saiu há pouco do Ministério da Marinha e está marchando para lá para prender o governador. Isso é verdade?" Sabe o que ele fez? Pegou o telefone e ligou imediatamente para o próprio Jango. Repetiu a pergunta que eu tinha feito, ouviu durante alguns minutos, depois perguntou se estava autorizado a transmitir ao governador o que tinha ouvido. Autorizado, agradeceu, desligou e me deu o recado, com tom solene: "O presidente me disse que é verdade que as tropas saíram, mas não com ordem de prender o governador nem muito menos atacar o Palácio Guanabara, mas sim a pedido do próprio presidente para protegê-lo, pois estava se sentindo isolado, ali perto, no Palácio Laranjeiras".

Ligamos então imediatamente para meu primo comunicamos a notícia e voltamos à nossa vigília.

Anos mais tarde, contei essa mesma história a uma amiga minha, em uma reunião social, em casa do também meu amigo, Francisco Dornelles, primo de Vargas, sobrinho de Tancredo Neves, ex-senador, ex-ministro. O próprio Dornelles ia passando, ouviu o final da narrativa, e fez apenas uma observação:

— É... Mas não foi bem assim... Naquela época, nós estávamos em campos opostos...

E afastou-se depressa, sem me dizer o que exatamente tinha ocorrido, deixando em mim a suspeita inevitável que a ordem inicial teria sido, de fato, tentar prender tio Carlos, ainda que para isso fosse necessário causar um banho de sangue.

Pouco depois, na mesma noite, chegou a notícia de que as tropas que vinham de São Paulo tinham recebido a adesão do comandante e dos cadetes da Academia Militar de Agulhas Negras, a pouco mais de cem quilômetros do Rio; também o general que vinha de Minas Gerais se aproximava sem qualquer oposição armada. Foi informado também que Jango voara para o Rio Grande do Sul.

O movimento estava vitorioso. Fomos dormir. No dia seguinte, soubemos que Jango já estava no Rio Grande do Sul e lá tinha dissuadido Brizola de reunir tropas para contra-atacar. Ambos, posteriormente, refugiaram-se no Uruguai.

Dias depois, em 9 de abril, era emitido o Ato Institucional, assinado por um general, um almirante e um brigadeiro, cujo conteúdo me impressionou pela sua simplicidade quase brutal, resumida na ementa, aquela parte dos documentos legais que, como uma espécie de cabeçalho, descreve resumidamente o respectivo conteúdo, que proclamava:

"Dispõe sobre a manutenção da Constituição Federal de 1946 e as constituições estaduais e respectivas emendas, com as modificações introduzidas pelo poder constituinte originário da Revolução Vitoriosa."

Pela primeira vez na história de intervenções militares, a quebra dos rituais constitucionais era franca e claramente admitida. Não era necessário uma emenda, discussão ou voto que preservasse as aparências e deixasse registrada nos livros uma transição, sem ruptura formal da ordem jurídica vigente. A revolução vitoriosa, dizia o Ato Institucional, adquiria, pelo simples fato de sua vitória, o poder constituinte originário e não precisava legitimar-se pelo Congresso. Este, ao contrário, era por ela legitimado. Mas manteve-se o Congresso aberto e, em princípio, com os mesmos poderes que tinha pela Constituição expressamente mantida em vigor, ou melhor, revigorada.

Estas são as minhas memórias do que vivi. Para encerrar, permito-me ainda registrar uma opinião pessoal.

Faço-o por dois motivos: primeiro porque essa opinião é importante para entender momentos posteriores, extremamente ilustrativos e relevantes ao tema central deste livro, que é a minha relação pessoal com meu tio Carlos.

O segundo motivo é que, como expliquei no Prefácio, torna-se inevitável e coerente com a proposta deste livro que também conste confissões minhas. No caso específico do movimento de 1964, minha opinião é geralmente considerada um verdadeiro pecado, que, como tal, a bem da clareza, precisa ser confessada.

Fui francamente favorável àquilo que atualmente é designado como *golpe*, com conotações pejorativas. Para mim, o que houve, no primeiro momento, foi um movimento para fortalecer e não extinguir a democracia. Contra a democracia, clara e confessadamente, eram aqueles que exigiam, aos gritos, reformas radicais "na lei ou na marra" e organizavam milícias paramilitares.

Admito que, posteriormente, o movimento, na sua origem democrático, transformou-se em uma ditadura. Mas, os militares que derrubaram Jango e editaram o Ato Institucional não se diziam nem acredito pretendessem ser ditadores. Foram abertamente apoiados pelos governadores civis, todos eleitos, de três estados, os mais importantes e populosos da União: São Paulo, Minas Gerais e Guanabara.

No caso da Guanabara, o governador, meu tio Carlos, seria, de resto, a última pessoa a desejar uma ditadura. Já estava lançado, por seu partido, como candidato à Presidência de República, nas eleições marcadas para o ano seguinte e, sem dúvida, tinha possibilidades reais de ser eleito. Não havia qualquer motivo para ele trocar essa aspiração pelo que veio depois.

Não fui, não sou e nunca serei favorável a qualquer ditadura, militar ou civil, de direita ou de esquerda. Por isso, considero que nem eu nem tio Carlos verdadeiramente pecamos, em março de 1964, ao apoiar o movimento contra a ameaça comunista, para nós e para muita gente, bastante clara de introduzir aqui uma ditadura nas linhas propagadas por Che Guevara.

XII

1964, DEPOIS DE 31 DE MARÇO

A transformação

Nos dias que se seguiram imediatamente à derrubada de João Goulart, o Brasil ficou, na prática, sem governo. O presidente da Câmara dos Deputados, Ranieri Mazzili, sucessor legal do presidente deposto, chegou formalmente a assumir a Presidência, quando o Congresso declarou que, ao fugir para o Uruguai sem autorização do mesmo Congresso, Goulart criara um estado de vacância. Na verdade, o poder era exercido de fato por uma junta militar, presidida pelo general Arthur da Costa e Silva.

O Ato Institucional repôs nos trilhos as formas jurídicas convencionais. Um de seus artigos dispunha que o Congresso deveria eleger um novo presidente da República para governar até janeiro de 1966, quando terminaria o mandato concedido a Jânio Quadros e Goulart.

Após diversos entendimentos entre os líderes militares e civis do movimento — entre eles tio Carlos — foi indicado ao Congresso o nome do marechal Humberto Castello Branco, prontamente eleito, na verdade ratificado, como presidente da República.

O novo presidente formou seu ministério e começou a governar, concentrando-se em dois temas: primeiro, expurgar da vida política nacional aqueles considerados "corruptos" ou "subversivos", cujos direitos políticos foram cassados, na forma permitida e regulada no Ato Institucional. Contra alguns desses, foi ainda instaurado processo criminal e eventualmente decretada a prisão preventiva.

Paralelamente, Castello Branco e seu ministério preocuparam-se em conter o processo inflacionário que começava a se agravar de forma preocupante. Dois ministros, Roberto Campos, do Planejamento, e Octavio Gouveia de Bulhões, da Fazenda, tornaram-se verdadeiros superministros, coordenando e implantando uma rigorosa política anti-inflacionária.

Tio Carlos, que havia sido um dos coordenadores da escolha de Castello Branco, em pouco tempo, fazia críticas a essa política. Discordava de muitas das medidas propostas por Campos e Bulhões e expressava sua discordância em sucessivas cartas ao presidente.

Certamente influenciado por meu sogro, amigo particular dos dois ministros, eu discordava de meu tio. A mim, as novas medidas econômicas pareciam corretas e sensatas. Cheguei mesmo a escrever um livro sobre uma delas, uma lei que, em julho de 1964, instituiu a correção monetária dos débitos fiscais. O livro não chegou a ser publicado, porque, quando já estava pronto e com contrato de edição firmado, a lei foi modificada e muito do que eu tinha escrito havia perdido a atualidade.

Os dois, tio Carlos e Roberto Campos chegaram a confrontar-se em um debate televisionado. Foi uma iniciativa curiosa, cada um dos contendores ocupando um canal diferente, um replicando a fala do outro.

Na minha percepção, esse debate, que assisti fascinado, foi um confronto entre um grande e passional orador — tio Carlos — e um sóbrio e articulado professor — Roberto Campos. Projetei, ali, um pouco de meu próprio conflito interior, a eterna indecisão entre tomar como modelo para o futuro que eu tinha à minha frente meu impulsivo tio Carlos ou meu pacato pai, profissional liberal. Em ambos, no debate e na minha escolha, não sem certo custo emocional e psíquico, o racional venceu — por pouco.

Em julho de 1964, o Congresso Nacional aprovou uma lei, prorrogando, até março de 1967, o mandato do marechal Castello Branco, originalmente marcado para terminar em janeiro de 1966.

Tio Carlos, naturalmente, sentiu que suas pretensões de ser eleito presidente começavam a esvanecer-se. Seu potencial e declarado adversário, o ex-presidente Juscelino Kubistchek, tivera seus direitos políticos cassados poucos dias antes, circunstância que, paradoxalmente, ainda que parecesse favorável à eleição de meu tio, afetava negativamente a legitimidade de um possível futuro confronto eleitoral.

Começava a tornar-se evidente, embora não publicamente, que havia, entre as facções das forças armadas que tinham se unido para derrubar João Goulart, um conflito entre duas correntes opostas: um grupo, de que Castello Branco era supostamente representante e líder, proclamava que queria, o mais depressa possível, finalizar o expurgo inicial, sanear a economia, traçar rumos para a nação e devolver o poder à normalidade democrática e aos civis. Outra facção, a chamada "linha-dura", era bem mais radical: achava necessário um expurgo mais amplo, uma administração bem mais rigorosa, com restrições maiores às liberdades individuais, uma verdadeira ditadura, sem prazo fixo para acabar.

A prorrogação do mandato de Castello Branco seria, supostamente, fruto da negociação desse conflito: fazia-se uma pequena concessão à linha-dura, mas, ao mesmo tempo, prestigiava-se o Congresso Nacional e, com ele, o poder civil, fazendo que a iniciativa da lei que efetivou a prorrogação partisse de um deputado e fosse aprovada por maioria significativa dos parlamentares. E, embora adiada, mantinha-se uma data de retorno ao poder civil.

O próprio Castello Branco declarava que seu desejo pessoal era entregar a Presidência a um sucessor eleito, exatamente na data prevista no calendário eleitoral — janeiro de 1966. Dizia-se, nos bastidores, que ele havia certamente autorizado, senão tomado a iniciativa da prorrogação; mas, publicamente Castello repetia que aceitava a prorrogação de seu mandato como um fato consumado à sua revelia.

A distância entre o que ocorre nos bastidores e aquilo que é visto pela plateia, característica quase natural da atividade política, era, àquela época, muito maior do que o normal, além mesmo do aceitável.

Na minha opinião, com os elementos ao meu alcance, eu atribuía a meu tio um papel especialmente relevante. A posição que ele tomasse fatalmente influenciaria o conflito entre a corrente democrática e a linha-dura das forças armadas. Ele era o líder civil de confiança, o candidato já apontado por um partido, um líder civil claramente anticomunista; o governo estava colocando o país nos eixos, a oposição mais radical tinha sido silenciada, uma grande parte da população aceitava e apoiava o governo e celebrava o inegável progresso econômico conquistado, que logo era chamado o Milagre Brasileiro.

Tudo correndo normalmente, realizar-se-iam eleições, tio Carlos seria eleito, o país voltaria à plena normalidade democrática. Já se ele se opusesse a Castello Branco e à sua política, a linha-dura, que acabou levando o país à ditadura, ficaria reforçada. Afinal, se até aquele que tinha sido o mais importante líder civil do movimento se colocava contra ele, a alegação de que era preciso apertar o controle ganhava consistência.

O próprio tio Carlos, certamente muito mais bem informado do que eu, pensava de forma diferente. Aspirava, sim, a Presidência, mas via, com horror e ojeriza, desenhar-se a perspectiva de que o movimento, que ele apoiou na tomada de poder, caminhasse para tornar-se uma ditadura. Julgava de seu dever usar o que ainda arregimentava de liderança e da liberdade que desfrutava para opor-se a Castello Branco, em cartas particulares respeitosas e em pronunciamentos públicos em que esforçou-se por fazer sóbrios.

Só mais tarde eu viria a discutir a questão com o próprio tio Carlos, mas, já em 1964, eu discordava frontalmente das posições de contestação ao governo que ele vinha assumindo.

Paralelamente, começavam a organizar-se núcleos radicais de oposição que viriam, em pouco tempo, a abrir luta armada contra o governo militar.

O movimento, originalmente democrático, ia gradualmente se tornando uma ditadura, uma ditadura institucionalizada, sem um ditador, talvez, por isso, mais sólida. Ao mesmo tempo, a resistência institucional, a oposição, tão indispensável à vida democrática, estava abafada, contida. E crescia o movimento por uma derrubada violenta do poder militar.

XIII
1965 A 1967

Não cheguei a conversar com tio Carlos sobre nossas divergências a respeito do governo Castello Branco. Nossos contatos àquela época eram bastante raros. Meu primeiro filho nasceu em julho de 1965. Apostando em minha carreira de advogado e assumindo totalmente meu papel de chefe da família, eu trabalhava intensamente. Tinha dois empregos, um em uma empresa, outro no escritório onde tinha começado minha carreira. E, como se não bastasse, dava aulas de direito tributário na mesma faculdade onde tinha estudado.

Enquanto eu me concentrava no dia a dia de um jovem profissional, os fatos políticos, é claro, continuavam acontecendo.

Em outubro de 1965, houve eleições para governador em vários estados, inclusive em dois dos três que haviam apoiado originalmente o movimento militar, Minas Gerais e Guanabara. Em ambos, foram eleitos candidatos que se proclamavam de oposição ao governo federal, Israel Pinheiro, em Minas Gerais, e Negrão de Lima, na Guanabara, este último derrotando o candidato apoiado por tio Carlos, seu secretário de Educação, Carlos Flexa Ribeiro, pai de meu amigo Edgar.

Entre parêntesis, registre-se que os adversários de tio Carlos comemoraram a derrota eleitoral de Flexa Ribeiro, como uma prova de reprovação ao governo de meu tio. Não foi bem assim. Carlos Flexa era um professor, não um politico. Ao escolhê-lo como candidato, tio Carlos agiu como um estadista, privilegiando a competência de um educador que, em sua área, se revelara um administrador extremamente competente, em detrimento das pretensões de um outro político que esperava seu apoio, um de seus mais antigos admiradores — Amaral Netto, o ardoroso cultivador da adesão passional ao líder inquieto.

Amaral Netto combateu o antigo amigo, tirando de Flexa muitos votos que seriam lacerdistas. Também contra Carlos Flexa votaram aqueles que começavam a ficar insatisfeitos com o governo militar e também toda a máquina eleitoral do PSD, o grande partido que nunca confrontava nada nem ninguém.

Tio Carlos, decepcionado e triste, renunciou ao governo do estado, deixando ao vice-governador, Rafael de Almeida Magalhães (escolhido pela Assembleia Legislativa para substituir Eloy Dutra, cujos direitos políticos tinham sido cassados), a tarefa de assumir o governo até passar o cargo ao sucessor eleito. Passou, a partir de então, a dedicar-se a seus negócios particulares.

Dias depois, ainda em outubro de 1965, o governo militar, descontente com o resultado das eleições, baixou um paradoxal Ato Institucional nº 2. Paradoxal porque é uma contradição em termos *instituir* alguma coisa pela segunda vez.

Paradoxal ou não, o Ato 2 era contundente, talvez ainda mais que o Ato 1: reafirmou o poder constituinte da proclamada revolução, modificou a organização do Poder Judiciário expandindo a competência da Justiça Militar, reforçou os poderes do presidente da República e, pior que tudo, estabeleceu que as eleições para presidente e vice-presidente seriam indiretas e caberiam não ao povo, mas ao Congresso Nacional.

A linha-dura vencera o confronto e, daí para frente, o que ainda restava de democracia entrava em agonia.

Tio Carlos vinha já há algum tempo gradualmente aumentando o tom e a frequência de suas criticas a Castello Branco, a Roberto Campos e ao regime. Em Outubro de 1966, encontrou-se com o ex-presidente Juscelino Kubistchek, em Lisboa, e os dois juntos assinaram uma declaração de sua intenção de formar a Frente Ampla para a defesa da democracia.

Aquele que fora um dos líderes do movimento militar era agora um de seus maiores críticos, com uma linha própria, distante da oposição formal e bem comportada no Congresso e mais distante ainda da oposição radical que pregava e praticava a luta armada para derrubar a ditadura.

Como tantos outros brasileiros, eu me afastava cada vez mais de assuntos políticos. Ao final de 1966, foi-me concedida uma bolsa para fazer mestrado nos Estados Unidos e, nos primeiros meses de 1967, fui admitido à Universidade de Harvard. Viajei em julho para um ano de estudos.

A viagem foi, ao mesmo tempo, física e espiritual. Pouco sabia do que se passava no Brasil. Praticamente nada a respeito do país era publicado na imprensa americana, as cartas que trocava com meus pais e alguns amigos eram geralmente sobre assuntos triviais e cotidianos. Ouvia, raramente, de meus colegas americanos de universidade, comentários e perguntas sobre o que estaria ocorrendo no Brasil. Respondia com evasivas, exagerando a minha falta de informações.

No início de setembro, uma matéria sobre o Brasil apareceu como manchete no *New York Times*. Falava sobre um massacre de índios que teria acontecido em algum lugar da Amazônia. Foi em uma quinta-feira, o único dia da semana em que os quatro brasileiros que cursavam naquele ano a escola de direito da universidade se encontravam na mesma aula — um seminário com poucos alunos.

Como que movidos por algum impulso subconsciente, chegamos todos antes da hora marcada para o inicio da aula. Perguntamo-nos instantaneamente uns ao outros que fazer. Nossos colegas americanos certamente tinham lido a matéria e fatalmente iriam nos questionar. Um de nós teve uma ideia. Pegou dois dos prismas que cada aluno tinha diante si com o próprio nome e, entre eles, prendeu um folha de bloco amarelo, com dizeres em grandes letras maiúsculas: THE INDIANS WERE COMMUNISTS [os índios eram comunistas].

Como tínhamos previsto, cada um de nossos colegas americanos que chegava, nem bem abria porta da sala, olhava para o nosso grupo e fazia um expressão interrogativa, como quem se prepara para um questionamento.

Com um gesto largo de mãos nós indicávamos o aviso. Os sofisticados alunos de Harvard rapidamente compreendiam o que queríamos dizer: não nos façam perguntas, não sabemos, não queremos conversar.

Antecipávamos ali aquilo que, em pouco tempo, estaria acontecendo com a opinião pública brasileira, que anestesiada e temerosa, simplesmente passou a evitar discussões políticas.

Uma vez, acho que no outono, tio Carlos apareceu para me visitar. Esteve no meu apartamento, achou-o confortável, brincou com meu filho já com 2 anos completos, conversou com minha mulher, tomou um café coado, comeu biscoitos, ouviu meus comentários elogiosos sobre a universidade e os métodos de ensino, aconselhou-me a, na volta, comprar um imóvel residencial. No dia seguinte, levou-me a um coquetel na casa de um professor da universidade, seu amigo particular. E nada falamos sobre política.

Já no final do ano, o *New York Times* publicou com relevo, ocupando metade da penúltima página do primeiro caderno, outra matéria com texto e fotos sobre o Brasil. Tratava da Frente Ampla, nome dado ao movimento, iniciado com a declaração conjunta feita em Lisboa por tio Carlos e Kubistchek, agora engrossada com a adesão expressa de João Goulart, ainda exilado no Uruguai.

Recortei a matéria, dobrei-a com todo cuidado e mandei-a a minha avó com uma carta carinhosa:

— Veja aí o que saiu neste grande jornal, um dos mais importantes do mundo, sobre seu filho caçula. Não é toda mãe que pode viver essa experiência. Imagino que você se sentirá orgulhosa e contente.

Chegou o inverno, vi pela primeira vez na vida a neve, passou o Natal, passou o Ano-Novo e, nos primeiros dias de 1968, recebi um envelope com recortes de jornais e outros impressos sobre o movimento da Frente Ampla, presos por um clips que prendia também um cartão de visita do meu tio, com uma linha manuscrita: "Com um abraço do seu tio e padrinho, Carlos."

XIV

1968 – TROCA DE CORRESPONDÊNCIA

A adesão de Jango à Frente Ampla reforçou meu desacordo com meu tio. É verdade que Castello Branco já tinha passado o governo a Costa Silva, considerado simpático à linha-dura, obedientemente eleito presidente pelo Congresso Nacional, na forma do Ato 2. Dois outros Atos mais tinham sido expedidos: pelo Ato 3, as eleições para governador passavam também a ser indiretas e os prefeitos das cidades mais importantes passavam a ser indicados pelo governador do respectivo estado. O Ato 4, por sua vez, modificou por completo a Constituição de 1946, que fora expressamente declarada em vigor pelo Ato 1.

O Brasil tinha agora uma nova Carta, elaborada não por uma assembleia eleita, mas por juristas escolhidos, pilotados por militares radicais. O governo ditatorial institucionalizou-se. Em paralelo, tornavam-se mais significativos e difíceis de conter os movimentos radicais de resistência.

Embora mais ligado na vida profissional e, depois acadêmica, que nos movimentos políticos, eu não podia mais continuar a ser a favor do governo militar. Advogado, estudando em uma das escolas mais prestigiosas de um país de quase dois séculos de tradição democrática legalista, incomodava-me principalmente o estupro da ordem jurídica, a quebra da espinha dorsal do Estado Democrático de Direito que era a Constituição, que os militares tinham transformado em uma carta ditatorialmente outorgada.

Apesar disso, eu continuava a achar que o único caminho viável para voltar à democracia — aquele que, mais tarde, acabaria por conseguir esse objetivo — era continuar a aproveitar os estreitos espaços ainda abertos, no Congresso e na imprensa, reafirmando sempre e constantemente, com paciência e contenção, a legitimidade única do voto, a possibilidade de exercer liberdade sem desordem, aceitando com altivez o poder da força, sem curvar a cabeça diante dos agora usurpadores, mas também sem irritá-los, incentivando ainda mais a radicalização.

Ao saber que tio Carlos se aliou a João Goulart, indignei-me. Jango era proscrito, de quem se dizia que, no Uruguai, juntamente com seu cunhado, Leonel Brizola, conspirava, com auxílio da ditadura comunista de Fidel Castro, para promover uma guerra civil com o objetivo de incorporar o Brasil ao bloco soviético.

Indignei-me mais ainda com a informação do jornal americano de que meu tio chegara a procurar até o próprio Brizola e que este, em uma demonstração de coerência, se negara a recebê-lo.

Sentei-me à minha máquina de escrever e redigi uma carta a meu tio, de que não guardei cópia, mas de cujos termos me recordo perfeitamente.

Disse-lhe que não se deixasse iludir pelo fato de eu ter mandado a minha avó o recorte do New York Times. Consciente de que o modo como redigi a observação soava ofensivo, escrevi literalmente: "Mandei o texto para sua mãe, não para você. As mães têm orgulho de tudo que os filhos fazem e a sua, por acaso, é minha avó."

Depois continuava, mais conciliador:

"Não tenho a pretensão de tentar convencer você a mudar de ideia. Quero apenas registrar minha opinião. Acho que, tomando a posição que você tomou, você está indiretamente acirrando o conflito e reforçando o discurso da linha-dura dos militares."

E concluía, afetuoso:

"Até hoje, em todas as campanhas a que você dedicou, sempre, de coração, estive a seu lado. Queria apenas que você soubesse que, neste momento, pela primeira vez, você não pode contar com meu apoio. Pela primeira vez em minha vida, tio Carlos, não estou do seu lado. Isso me entristece, mas acho importante que você saiba."

Postei a carta como quem faz um manifesto e fui trabalhar na conclusão do texto que estava escrevendo para obter o grau de mestre.

Não esperava uma resposta. Mas a resposta veio, menos de um mês depois, em um cartão manuscrito, maior que um cartão de visita, como se fosse um cartão de Natal, com o nome de meu tio impresso no alto à esquerda.

O texto ocupava frente e verso. Cobria todo espaço e concluía, apertado em letra pequena contra as quatro margens, de forma que, para ler tudo que dizia, era preciso girar o cartão como os ponteiros de um relógio. Guardo-o até hoje em meus arquivos. Dizia:

"21.2.68 — Gabriel, não vou mais retardar uma notícia sobre sua carta de 26 de janeiro. Ela continua na minha mesa, à espera de vagar para responder como merece. Vou adiando, é sempre assim. Mas não quero adiar isto: sua carta me deu uma das poucas, mas enormes alegrias da minha vida nos últimos anos. Palavra. Sentia um silêncio entre nós e tinha pena, mas a vida me sacode para muitos lados e, no fundo, sou um tímido, além do mais. A sua iniciativa foi esplêndida. O modo pelo qual você colocou a questão também. O jeito é levar sua carta para Petrópolis e ver se respondo no Carnaval. No entretanto estou lhe mandando dois exemplares dos documentos básicos da Frente Ampla. Favor mandar um ao prof. Jordan Young, no Pace College, N.Y. City, N.Y., com um abraço meu e outro seu. Como vai sua mulher? Ela é cada vez mais simpática do que antes, o que é raro. E o garoto? E o estudo? E a vida? Não procurei apartamento porque você não quer e não entro em controvérsias conjugais, nem mesmo para atender a minha sobrinha que, a meu ver, é quem tem razão. Um abraço de seu amigo, cada vez mais, tio e padrinho, Carlos."

Acho este texto, que senti como totalmente sincero, é um retrato autêntico e fiel da personalidade do meu tio. Como ele mesmo diz, por surpreendente que possa parecer, no fundo, ele era um tímido. Sempre impulsivo e opiniático, ficava alegre e comovido ao receber críticas frontais vindas de um jovem que, para ele, era, certamente, ainda um menino.

Se, no fundo, ele se achava um tímido, era, também e antes de tudo, sincero e afetuoso. Na minha carta, soubera ver, além da censura, a sinceridade e o afeto. Abrira-se por um instante e logo encaminhava material impresso e fazia um pedido que era uma ordem.

Não é preciso dizer que a prometida resposta mais longa, a ser escrita em Petrópolis durante o Carnaval, nunca veio, nem esperei por ela.

A divergência ficou e até hoje me pergunto se, na época, eu teria ou não sido injusto. O próprio tio Carlos, de resto, na grande entrevista que concedeu pouco antes de morrer, reconhece, como que legitimando minha opinião, que houve quem se pusesse contra a iniciativa da Frente Ampla.

Recentemente, contei o episódio a um conhecido, então candidato a deputado pelo PT, que me perguntou, com um toque de ironia e censura:

— Quer dizer que você se posicionava à direita do Lacerda?

A reação surpreendeu-me. Esperava ter transmitido ao candidato um depoimento sobre a personalidade de meu tio, sua capacidade de responder afetuosamente a uma crítica bem intencionada. Sem saber bem o que responder, balbuciei apenas, com um sorriso amarelo:

— É... Talvez...

Deveria ter dito, isto sim, que meu tio eu não divergíamos quanto à aspiração nem quanto e à substância de nossas opiniões. Ambos desejávamos ardentemente o retorno do país a um regime democrático. Discordávamos apenas quanto aos métodos mais adequados e eficientes para alcançar esse objetivo.

Éramos também francamente contrários a outros opositores do regime que, roubando bancos, praticando sequestros, preparando uma guerra civil, defendiam, não a democracia, mas que a ditadura militar no poder fosse derrubada com sangue, para ser substituída por outra, nos moldes de Cuba e da União Soviética, mais fechada e mais difícil de derrubar.

––– XV –––

1968

O programa que eu fazia na Universidade de Harvard, um programa especial de direito e política tributária, terminava com uma viagem de campo a Washington e ao Canadá. No meio de maio de 1968, fui embora da cidade onde morava, Cambridge, Massachusetts, para passar por vários lugares, antes de regressar ao Brasil.

Se eu estivera alheio ao que ocorria no meu país, mais alheio ainda fiquei nesse período, viajando por cidades desconhecidas, passando dias inteiros em repartições fiscais e ainda tendo que me preparar para provas que tive de fazer durante a viagem.

Nos Estados Unidos, aconteciam, à época, fatos marcantes. O ativista antirracismo, o pastor Martin Luther King, foi assassinado em abril, os protestos contra a Guerra do Vietnã eram cada dia mais intensos. Tornou-se comum jovens rasgarem intimações convocando-os a se apresentar ao exército; o presidente Lyndon Johnson, eleito para o cargo em 1964 e tornado impopular pela guerra, declarou que não iria concorrer à reeleição.

Na minha cabeça, pensando como brasileiro, eu imaginava até a possibilidade de um golpe de estado, esquecendo-me da força que têm naquele país, as instituições democráticas centenárias. Na realidade, a declaração de Johnson, deixou livre o caminho para o lançamento da candidatura de Robert Kennedy, irmão de John, à Presidência.

Depois da viagem de campo, aproveitei para, pela primeira vez na vida, ir à Europa. Em Londres, primeira escala de meu passeio, vi nos jornais a notícia do assassinato de Robert Kennedy. A segunda escala era Paris. Mas a França estava em total desordem, tomada por passeatas, manifestações e greves de toda ordem. Consegui chegar a Paris no primeiro voo internacional que pousou na cidade em vários dias. E, assim mesmo, desembarquei, não no aeroporto internacional de Orly, que estava ainda fechado por uma greve, mas em um aeroporto militar, a alguns quilômetros da capital. Não havia carregadores, nem pessoal de apoio, também em greve. Tive que retirar eu mesmo minhas malas do compartimento de bagagem do avião e embarcar em um ônibus da companhia aérea, que depositou minha mulher, eu e todos os demais passageiros na Place de L'Étoile, de frente para o Arco do Triunfo.

Minha reflexão de brasileiro foi, mais uma vez, admirar como, em democracias mais estáveis, é possível superar crises e grandes mobilizações sem fraturas institucionais (embora, na França, soube depois, o general De Gaulle houvesse chegado, na época, bem perto de um golpe de estado ou alguma espécie de movimento autoritário).

De volta ao Brasil, ao final de junho, depois de quase um ano de ausência, encontrei o país sensivelmente diferente de quando o deixara. A imprensa estava tolhida, as ruas agitadas, tudo aparentemente calmo apenas na superfície, em que transpassava um ar pesado e uma tensão que crescia a cada dia.

Um episódio singelo, a rigor sem maior importância institucional, tornou-se a centelha que provocou a explosão. Um deputado, Márcio Moreira Alves, conhecido na sociedade carioca como Marcito, fez na Câmara um discurso incitando o povo a boicotar as paradas militares que, todos os anos, em setembro, comemoravam o Dia da Independência e conclamando as futuras professoras a não aceitarem mais, como era costume à época, namorar jovens cadetes, em protesto contra o regime.

Os militares, indignados, conseguiram que alguém, acho que do Ministério da Justiça, solicitasse à Câmara dos Deputados a cassação do mandato de Marcito. Em um sessão dramática, em 11 de dezembro, a Câmara negou o pedido.

Os militares reagiram e, dois dias depois, foi editado o infame Ato Institucional nº 5. Entre outras medidas restritivas, suspendeu-se o habeas corpus, o presidente da República readquiria poderes de cassar direitos políticos e adquiria o de decretar o recesso do Congresso, exercendo no período o Poder Legislativo; a imprensa, já controlada, ficou abertamente sujeita a censura prévia.

Dois ou três dias depois, tio Carlos teve seus direitos políticos cassados e foi preso, em um quartel da Polícia Militar do Rio de Janeiro.

Fui visitá-lo. Sua prisão não era uma masmorra tenebrosa, nem mesmo uma cela gradeada. Era um quarto amplo, com três camas, banheiro normal e até uma geladeira. Junto com ele estavam presos o jornalista Hélio Fernandes e um conhecido ator, ligado tradicionalmente à esquerda, Mário Lago. Achei meu tio abatido e estranho. Conversamos pouco tempo, apenas sobre trivialidades.

Soube, logo depois, que ele resolvera protestar fazendo uma greve de fome e que, desde que fora preso, não tinha comido nada. Da prisão, tio Carlos redigiu uma carta dirigida teoricamente à mulher e aos filhos, mas da qual foram feitas e distribuídas várias cópias para o maior número possível de pessoas.

A carta, depois publicada em livro,[1] cuja cópia manuscrita guardo até hoje, começava por dizer que estava disposto a levar a greve de fome até o fim e que os exames já acusavam "acidose, albumina e os primeiros sinais de nefrite".

A decisão, dizia ele à família, agradecendo a compreensão e a resignação com que suportavam o sofrimento que ele lhes causava, "é tomada por vocês, e por todos; até mesmo pelos que não sabem de nada e pelos que, sabendo, fingem que não sabem."

E prosseguia:

"Sempre disse aos militares: no dia em que vocês cometerem contra o povo brasileiro o crime de levar, mais uma vez, este Brasil ao domínio de um grupo ambicioso, antidemocrático e, como vocês sabem muito bem, ainda por cima, inepto e tão corrupto quanto os que mais o sejam, terão que me ouvir — ou me matar."

Subia de tom:

"Não pude lutar pelas armas. O comportamento imaturo, de casta, menos que de patriotas, de donzelas ofendidas, com que os espertos levaram os oficiais a reagirem a uma provocação dos

---

[1] Cf. Lacerda, Carlos — *Depoimento* — Rio de Janeiro: Nova Fronteira, 1977.

políticos, não os deixou sequer raciocinar. Agiram por instinto, desprezando a razão. E permitiram, entre tantos erros e crimes, a suprema covardia, injustiça e mesquinharia que são estas prisões, esta orgia de arrogância e de estupidez."

Ameaçava:

"Pois bem: se eles juraram defender o Brasil, também eu tenho esse juramento. E se já não posso defender esse povo, mães e filhos como vocês, pela ação, que é a minha vocação, pela palavra, que é a minha arma, defendo-o como posso, com a única coisa que me resta: a vida."

Finalmente concluía, buscando o sublime:

"Os heróis de fancaria vão ver como luta e morre, sozinho e desarmado, um brasileiro que ama a pátria — mas a pátria livre. Se isto me acontecer, malditos sejam, para sempre, os ladrões do voto do povo, os assassinos da liberdade e os que se calaram. E os que consentiram e os que participaram. Em seu lugar se levante a certeza de que no Brasil também há quem saiba dar a vida para dar exemplo."

Meu pai, ao me dar uma cópia da carta, contou-me, preocupado e tenso, a conversa que vinha de ter com o irmão preso.

— Seu tio — me disse ele — começa a correr risco de morrer. Mas ele é teimoso. Tem vocação de herói. Tivemos ontem uma conversa muito séria; eu disse a ele: "Carlos você está aqui morrendo e não tem ninguém nem sabendo. Está um calor desgraçado, o sol está forte, a imprensa censurada. O povo a quem você quer impressionar, está mais é aproveitando a praia. Só quem está preocupado com você sou eu e sua mulher, seus filhos e, principalmente, nossa mãe."

Concluindo a narrativa, meu pai contou ainda a comparação, tão espirituosa quanto realista, que fizera ao tio Carlos.

— Carlos, o Brasil é o país da Dercy Gonçalves; e você, está agindo como se fosse personagem de uma tragédia de Shakespeare.

Todos sabem, suponho, quem foi Shakespeare. Os mais velhos, certamente, se lembram de Dercy Gonçalves, uma conhecida comediante, artista de teatro e de televisão muito popular, notável por sua irreverência e falta de respeito. Dercy era realmente cômica, verdadeiramente simbólica de uma atitude desabrida, comunicativa e engraçada, que provocava no público boas risadas.

Para quem conhece um e outro, Shakespeare e Dercy Gonçalves, a imagem feita por meu pai, não poderia ter sido mais feliz. Tio Carlos, por toda a sua vida política, adotara de fato, muitas vezes, discursos e posturas solenes e dramáticas, usando, como o teatrólogo inglês, textos retóricos, literariamente elaborados.

Outros políticos, cada dia mais, preferem o estilo da comediante, menos sério, mais fácil de ser compreendido e sem compromisso verdadeiro com qualquer propósito coerente.

Minha prima Cristina, filha temporã de tio Carlos, contou-me recentemente que, na ocasião, levara ao pai, para tentar quebrar a greve de fome, uma barra de chocolate suíço, guloseima que ele adorava. A tentativa foi vã; conta Cristina:

— Ele me fez um carinho na cabeça, deu um sorriso triste e me disse apenas: "Não é isso, minha filha; minha atitude é séria. Um dia você vai compreender".

Contou-me também meu primo Sebastião que outro amigo, proprietário de uma tradicional loja de comestíveis e bebidas, mandou a tio Carlos uma cesta de Natal recheada de toda sorte de guloseimas. O conteúdo foi distribuído aos companheiros de cela e a greve continuou.

Os esforços de meu pai, de minha prima, de toda a família e dos amigos foram, assim, inteiramente inúteis. Nada nem ninguém poderia convencer tio Carlos a deixar de viver seu papel trágico de personagem de Shakespeare.

Minha prima Cristina, à época uma adolescente, redigiu e mandou diretamente ao presidente Costa Silva uma carta, carregada de emoção, protestando contra a prisão do pai.

Seja porque comovido com a carta de minha prima, seja porque impressionado com a greve de fome, seja por convicção, o fato é que o presidente mandou soltar meu tio, ainda a tempo de passar o Natal em casa com a família.

Nem bem chegou em casa, agitado, falando sem parar, pediu que lhe trouxessem empadinhas de queijo. Preparava-se para atacar a guloseima quando interveio seu clínico. Tio Carlos estava perto da morte, enfraquecido, tinha que repousar, alimentar-se ponderadamente, tomando soro e suco de laranja.

Obedecendo à ordens do médico, foi retirado da sala, internado em seu quarto; naquele final do ano de 1968, juntamente com os últimos vestígios de democracia, meu tio saía também da cena política, para nunca mais voltar. Começavam os chamados "anos de chumbo".

A partir daquele momento, eu voltei a ser simplesmente sobrinho do meu tio Carlos; não era mais, como tinha sido enquanto era um parente próximo de um homem público de destaque, um espectador privilegiado do desenrolar da história política do Brasil.

Poderia então conhecer mais de perto a pessoa do irmão de meu pai.

XVI
O TERRENO E A COPA DO MUNDO

Pouco depois do Ato 5, o Congresso foi reaberto e de sua tribuna eram feitos, às vezes, discursos tímidos de protesto. Mas a imprensa estava totalmente censurada e as manifestações não tinham eco. Alguns jornais dramatizavam a restrição, publicando edições com vários espaços em branco, no lugar de matérias presumivelmente censuradas. Outros brincavam com a censura, inserindo textos aparentemente inocentes, mas cujo significado crítico podia ser percebido ou adivinhado. Supostas receitas culinárias e falsos boletins meteorológicos mandavam recados e faziam insinuações.

Alguns advogados ainda lutavam para libertar presos políticos, procurando formas de contornar a suspensão da mais fundamental das garantias processuais — o *habeas corpus*.

Na clandestinidade, grupos radicais se formavam e cresciam, iniciando um tenebroso círculo vicioso em contínua aceleração. Cada ação contra o regime — um sequestro, um assalto ou mesmo uma manifestação de rua, provocava alguma espécie de reação repressora; a cada reação repressora uma ação mais forte, a cada outra ação, outra reação. A guerra civil ganhou vulto.

A maioria da população, entorpecida, bombardeada por uma publicidade governista maciça e aproveitando-se de um inequívoco progresso econômico, simplesmente se calava, fechada em uma ignorância consciente. Corria, boca a boca, uma anedota significativa: "Perguntaram a um sujeito o que ele achava da situação. E a resposta foi: eu não acho nada. Nem quero achar. Um amigo meu achou e até hoje não acharam ele."

De minha parte, eu trabalhava, nas mesmas coisas a que me dedicava antes de ir estudar nos Estados Unidos. E, já em janeiro de 1969, minha esposa começava a esperar nosso segundo filho.

Tio Carlos, também, que eu soubesse, concentrava-se em seus negócios. Viajava com frequência ao exterior, possivelmente, para contatos políticos que eu desconhecia. E plantava, cultivava e colhia rosas de várias tonalidades.

Durante bastante tempo, quase não nos vimos. No início de 1970, enfrentei os turbilhões emocionais da ruptura do meu casamento. Pouco depois, quando eu passava um fim de semana em São Paulo, com uma namorada nova, encontrei meu tio na porta do hotel em que, por coincidência, estávamos hospedados. Ele não estava acompanhado e, um tanto envergonhado, apresentei-a a ele. Tio Carlos apertou formalmente a mão da moça, resmungou um sumário "muito prazer", pediu desculpas e embarcou em um carro que o esperava.

Mais ou menos na mesma época, eu trabalhei para ele, no escritório, defendendo-o em uma ação que envolvia todos os descendentes do meu bisavô Lacerda, prenome Sebastião, falecido muitos anos antes, em 1925, na condição de ministro do Supremo Tribunal Federal.

Sebastião Lacerda deixou três filhos homens, Maurício (pai de meu pai, de minha tia Vera e de tio Carlos), Fernando e Paulo e a eles, em condomínio, a chácara que construíra, no município de Vassouras, em um distrito que hoje tem seu nome. Maurício, Fernando e Paulo morreram antes de desfazer o condomínio que, assim, prosseguiu com todos os respectivos descendentes, sete ou oito, ao todo.

A chácara, com muitos donos, foi ficando abandonada, coberta de mato, visitada apenas, de quando em vez, pelos filhos, não me lembro se de Paulo ou de Fernando. Tio Carlos, um dia, descobriu que pendia sobre o imóvel uma execução fiscal, promovida pela Prefeitura de Vassouras para cobrar impostos atrasados. Agindo junto ao prefeito, conseguiu que a chácara fosse levada a leilão para saldar a dívida tributária e arrematou-a, em nome de sua esposa.

Os primos, filhos de Fernando e de Paulo, uniram-se e moveram uma ação contra a Prefeitura de Vassouras e contra tio Carlos pessoalmente para anular o leilão. O escritório em que eu trabalhava, incumbiu-se da defesa de meu tio e o caso foi entregue a mim. Obtive, com orgulho, sucesso estrondoso. O juiz, de primeira instância declarou válido o leilão, em uma sentença tão clara, concisa e bem elaborada, que os vencidos não ousaram tentar qualquer recurso.

Tio Carlos, satisfeito, quis me recompensar e decidiu me dar de presente um lote, destacado das terras onde construíra sua casa de veraneio, no bairro do Rocío, nas cercanias de Petrópolis. Em junho de 1970, convidou-me para passar um fim de semana em sua casa, para mostrar-me minha futura propriedade.

Fui no sábado. Na casa, além de mim, estavam apenas meu tio, minha tia Letícia e uma antiga amiga do casal. Tio Carlos apontou-me com o dedo o lugar onde estava o lote que tencionava me doar. Mostrou-me o roseiral que cultivava com carinho, o escritório, separado da casa, onde, rodeado de livros, costumava se trancar por horas e horas, para ler, escrever e meditar.

No escritório, reunimo-nos todos depois do jantar, lareira acesa, tomando conhaque francês e ficamos conversando até altas horas de noite. De que falamos, sinceramente não me lembro, mas a recordação é que o papo foi divertido e instigante.

No dia seguinte de manhã, pouco depois de nove horas, fui acordado com pancadas repetidas à minha porta. Era, é claro, meu tio:

— Acorde, seu preguiçoso. Vamos até Petrópolis comprar fogos para soltarmos no jogo de hoje.

O jogo em questão era um jogo da Copa do Mundo de 1970, Brasil e Inglaterra.

Resmunguei um pouco, mas atendi ao chamado e fui com meu tio até a cidade. Espantei-me com a quantidade exagerada de foguetes e rojões que ele comprou. Afinal, éramos poucas pessoas e o jogo, previa-se, seria um jogo de poucos gols.

Na casa do Rocio, não havia um aparelho de televisão. Para ver o jogo, reunimo-nos à tarde, meu tio e eu, e a amiga da família (minha tia não se interessou), na pequena casa do caseiro da propriedade. A Copa de 1970, no México, foi a primeira Copa do Mundo com transmissão direta e também a primeira televisionada a cores. O aparelho do caseiro, porém, ainda era em preto e branco. Nele, na companhia do próprio caseiro e de sua pequena família, acompanhamos a apertada vitória do Brasil por 1 x 0.

Meu tio e a amiga tinham medo de soltar fogos. O caseiro e sua família queriam continuar vendo o jogo. E, na hora do gol único, lá fui eu, sozinho, no terreno de uma casa de campo, no meio da serra, sem vizinhos, tentar explodir, um a um, os muitos foguetes, comprados em Petrópolis pela manhã.

Os estrondos ecoavam e perdiam-se nas montanhas ao redor. Com um sorriso condescendente e terno, pensei comigo mesmo: "Tio Carlos continua o mesmo — exagerado em tudo. E também, essencialmente, generoso. Vai morrer assim."

O jogo terminou alguns minutos depois. Sobraram, é claro, muitos foguetes. Das explosões e do fim de semana, ficou uma recordação suave e alegre.

---- XVII ----

NA GRÉCIA

Depois da Copa, os caminhos de meu tio e os meus novamente se afastaram e raramente nos víamos.

Ele trabalhava na editora que fundara, a Nova Fronteira, e em seus outros negócios. Procurava, mobilizando amigos, tomando empréstimos, fazendo contatos, tornar-se um empresário e ganhar dinheiro, para prover à velhice e para pagar as viagens que gostava de fazer.

Eu, do meu lado, carregado de culpa pela ruptura do meu casamento, mudava também completamente meu ritmo de vida. De uma ampla casa de dois andares, de propriedade de meu ex-sogro, mudei-me para um pequeno apartamento térreo, de quarto e sala. Deixei o emprego na empresa, mantendo apenas o escritório, já àquela altura, em decadência, e fui trabalhar, em tempo teoricamente integral, como professor-pesquisador, no Departamento de Direito da Pontifícia Universidade Católica do Rio de Janeiro.

Meu amigo Joaquim Falcão, que eu conhecera quando ambos estudávamos em Harvard, tinha sido nomeado diretor e me chamou para auxiliá-lo a implantar um movimento, bastante avançado para a época, de reforma do ensino do direito. Queríamos abolir a aula-conferência, magistral e autoritária, e adotar a aula dialogada, o método do caso, tudo em uma relação informal e amiga entre o corpo docente e os alunos.

Dediquei-me ao que considerava uma obra quase missionária, com afinco que, como era quase uma marca de família, chegava ao exagero. Também eu, não só meu tio, tendia, por temperamento e natureza, a viver as experiências da vida com intensidade apaixonada. Chegava na universidade de manhã cedo, almoçava em casa, passava as tardes no escritório, e voltava à escola quase toda noite.

Também no lado estritamente pessoal, minha vida transformou-se. Casado antes que fosse descoberta a pílula anticoncepcional, eu vivera o início de minha juventude em uma a época em que a virgindade pré-nupcial da mulher era ainda um tabu, geralmente aceito. A invenção da pílula deflagrara, no mundo inteiro, uma verdadeira revolução dos costumes, na qual avultava a completa e exaltada libertação sexual da mulher. Depois de vários anos de um casamento bem comportado e fechado, eu, moço, bem falante e desembaraçado, aproveitei deslumbrado a nova era.

Sentia — e me diziam — que eu havia me transformado, de um velho taciturno de 30 anos, em um agitado adolescente tardio e de um engravatado e sóbrio advogado de grandes empresas, em um intelectual, paradoxalmente turbulento, com costeletas e cabelos compridos e instantes que beiravam o revolucionário relutante.

Foi esta figura agitada que, desiludido ao ver rompido um namoro intenso e apaixonado, foi, em janeiro de 1972, espairecer sozinho na Europa, em uma viagem de turismo, viver o frio de inverno com esperança de aventura.

Baseei-me em Genebra, na casa de uma grande amiga minha, casada com um diplomata que servia em uma organização internacional. De lá, eu ia e vinha a outras cidades onde tinha amigos, ou para cumprir missões para as quais eu me voluntariara perante a administração da Universidade, como condição para que me fosse concedida uma licença funcional não remunerada, burocraticamente necessária.

Sabendo que tio Carlos também iria à Europa na mesma ocasião, peguei, com a secretária dele na editora, o telefone do hotel onde ele estaria hospedado, em Roma.

Em um final de tarde, telefonei de Genebra. Tio Carlos não estava e deixei um recado para ele, com o número da casa de minha amiga. Por volta de onze e meia da noite, eu já recolhido em meu quarto, bateram à porta. Minha amiga, com voz de quem fora acordada, me chamava, informando que meu tio estava retornando minha ligação.

Atendi e tive o cuidado de não reclamar da hora. Onze e meia da noite, para um turista na Europa, não deveria ser considerado uma hora tardia. Trocamos informações sobre nossos programas e itinerários e acertamos nos encontrar, em Paris, dali a alguns dias.

Sete meia da manhã do dia seguinte, sou novamente acordado, com a dona da casa batendo na porta.

— Seu tio está ligando outra vez — disse, bocejando.

Neste segundo telefonema, tio Carlos teve a delicadeza inicial de perguntar se tinha me acordado. Ao que respondi, sem esconder certa impaciência:

— Claro, tio Carlos. Isso aqui é uma casa de família e as pessoas têm o costume de dormir durante a noite.

Tio Carlos não fez caso de meu comentário azedo, não pediu desculpas. Simplesmente prosseguiu, com naturalidade:

— Eu estive pensando esta noite e tive uma ideia: eu vou daqui para Atenas, para uma reunião na qual seria bom que eu estivesse acompanhado de um advogado. Você quer ir comigo? Eu pago seu hotel e qualquer diferença de passagem.

O convite era irrecusável e aceitei-o imediatamente. Combinamos nos encontrar, em princípio, no aeroporto de Roma, se possível para pegarmos o mesmo voo para a Atenas. Consegui remarcar meu bilhete e dias depois nos encontramos, como previsto, no aeroporto.

Já a bordo, tio Carlos criou um pequeno caso: ele viajava na primeira classe, eu na classe econômica. O voo, continuação de outro voo, que vinha dos Estados Unidos, estava quase vazio para o trecho final, de Roma a Atenas. Meu tio pediu, então, ao comissário da primeira classe, que me deixasse mudar de lugar, para sentar-me ao lado dele. Naturalmente, o funcionário da linha aérea não permitiu. Tio Carlos deslocou-se e veio me procurar na classe econômica.

Durante o voo, conversamos e, pela única vez em nossas vidas, tocamos em um aspecto da vida pessoal de meu tio: corria à boca pequena no Rio de Janeiro que ele teria tido recentemente um caso com uma conhecida artista de cinema americano, Shirley McLane. Por acaso, na revista que eu folheava, havia um retrato dela. Tomando coragem, indiscreto, arrisquei:

— Olha só quem está aí! Ouvi dizer que você teve um caso com ela. É verdade?

Meu tio sorriu e, sorrindo, respondeu.

— Não acredite em tudo que lhe dizem. Espalham ainda muitas mentiras a meu respeito.

Depois, olhando para o alto, como se falasse consigo mesmo, não comigo, completou:

— Uma mulher extraordinária, essa moça.

Tomei a frase como uma confissão da veracidade do rumor e, prudentemente, mudei de assunto.

Só depois de chegarmos, tomando uma cerveja no hotel em Atenas, fui saber a razão pela qual ele tinha me chamado para ir com ele à Grécia.

— É o seguinte. Recentemente comprei alguns terrenos na estrada Rio-Santos, do lado de São Paulo, entre Ubatuba e Caraguatatuba. É uma área ainda de acesso relativamente difícil, mas em pouco tempo vai se valorizar imensamente. Meus terrenos estão ao lado de outro pedaço grande de terras, também à beira do mar, de propriedade de um paulista riquíssimo. Combinamos fazer uma sociedade, juntando nossos pedaços de terra. E ainda adicionamos um terceiro sócio, também proprietário. Com isso ficamos donos de vários quilômetros contíguos, todos na beira da praia, que incorporamos em uma pessoa jurídica.

— É... Deve ser bonito... — interrompi. — Mas que é que isso tem a ver com a Grécia?

— Explico. Meu sócio e eu queremos fazer lá um projeto único, alguma coisa realmente especial. E o convenci a contratarmos, para fazer o projeto de urbanização, o Doxiadis, lembra, aquele arquiteto grego que, quando eu era governador, fez um plano genial para o Rio de Janeiro. Amanhã, meu sócio paulista e eu, temos uma reunião com ele para negociarmos o contrato. Tome aqui a minuta que ele mandou. Gostaria que você estudasse a proposta até amanhã, me fizesse sugestões e fosse, com meu sócio e comigo, à reunião.

Peguei mecanicamente o papel e, estarrecido e gaguejante, expliquei:

— Tio Carlos, acho que não vai dar para fazer esse contrato.

— Por que?

— Explico: o Brasil, como você sabe, é um país que sempre teve problemas cambiais. Qualquer contrato que implique em remeter divisas para o exterior só pode ser executado depois de registrado no Banco Central.

— E daí? Registra-se.

— Não é bem assim, tio Carlos. O registro no Banco Central não é apenas um registro burocrático, um ou dois carimbos para efeitos estatísticos e pronto. Não. O governo exerce um juízo crítico. Só autoriza remessas para pagamentos que considere justificados, amortizações de empréstimos, financiamento de importações, royalties razoáveis pelo uso de marcas registradas etc.

— E não é permitido pagar por serviços?

— Depende. A lei não diz nada expressamente. Diz só que todo contrato de serviços tem que ser levado a registro. E o Banco Central tem poderes discricionários para examinar os pedidos de registro, caso a caso, e decidir se é ou não justificada a remessa e eu duvido, duvido mesmo, que as autoridades brasileiras permitam que o Brasil gaste suas divisas escassas pagando remuneração a um arquiteto estrangeiro.

— O Doxiadis não é apenas um arquiteto. Ele é um arquiteto extraordinário, um urbanista, de renome internacional.

— Mesmo assim, duvido que o burocrata que for examinar o contrato não conclua que temos no Brasil vários arquitetos de renome internacional. Pois não construímos Brasília, uma cidade inteira, que chamou a atenção do mundo, com urbanistas e arquitetos brasileiros?

Começava a formar-se um impasse de difícil solução. Aflito e solene, como o próprio tio Carlos, discursei:

— Tio Carlos: eu ainda não vi nada da cidade. Se você quiser, vou embora agora e você não precisa me pagar nem uma diária do hotel. Mas, como profissional, sou obrigado a lhe dizer: não vai dar para fechar esse contrato.

Misturando autoridade, amizade, e sonho, meu tio foi seco:

— Nada disso. Você vai ficar, vamos à reunião; depois da reunião ainda vamos ter tempo de passear juntos e vai dar tudo certo.

— Só quero que você me diga uma coisa: o Doxiadis deve ter um advogado, certo?

Talvez inspirado pelo fato de estar na Grécia, decidi usar com meu tio o chamado "método socrático", de provar um ponto com perguntas sucessivas e encadeadas.

— Certo. Vai ter um advogado dele na reunião.

— E o Doxiadis vai querer ser pago, em moeda forte, pelos seus serviços, também não é certo?

— Claro.

— Pois é; só queria que você me respondesse agora o seguinte: na hora inevitável em que o advogado dele me perguntar se existe algum problema legal em remeter pagamentos a partir do Brasil, que é que eu respondo?

Para responder à minha pergunta Tio Carlos usou também o método socrático:

— Você disse que a remessa por serviços não é expressamente considerada ilegal, não é verdade?

— É. Só disse que o contrato tem que ser registrado e que acho altamente improvável e senão impossível obter o registro.

— Mas não chega a ser, em tese, legalmente proibido, certo?

— Certo... Mas...

— Não precisa o "mas". Diga apenas a verdade literal. Pode-se remeter dinheiro do Brasil para pagamentos no exterior? Sim, desde que haja registro com o governo. E um contrato como esse seria registrável? Há complicações e dificuldades, mas, em tese, é legalmente possível.

E, concluiu triunfante:

— Pronto. Resolvido o problema. Agora vamos tomar uma última cerveja e sair para passear.

Tomamos a cerveja, saímos para um passeio a pé pelas ruas da cidade. À noite, jantamos no hotel. Depois do jantar, fui para o meu quarto, estudar a minuta de contrato.

A reunião, no escritório do arquiteto, transcorreu exatamente como previsto. O problema legal foi tratado exatamente como tio Carlos tinha imaginado. O advogado do arquiteto, é claro, fez questão de incluir uma cláusula, com a qual tive que concordar, prevendo que a não obtenção do registro no Banco Central tornaria sem efeito o negócio. Discutiu-se então, em pormenor, a substância negocial — preço, prazos, obrigações e garantias.

E, afinal, o contrato foi assinado em pequena solenidade, com champanhe e brinde. Não cheguei a saber, ao certo, mas acredito que o Banco Central não efetuou o registro e, assim, o documento nunca chegou a vigorar plenamente.

No dia seguinte, ainda de manhã, fizemos meu tio e eu, o passeio obrigatório — a visita às ruínas do Parthenon, no alto da Acrópole. Talvez tenha sido o instante mais emocionante de quantas viagens fiz na vida. Vai-se devagar, subindo uma escada. De repente, uma virada em ângulo reto, e aparece, no topo, recortada contra o céu cinzento de inverno, dominando serena a paisagem áspera, a colunata semidestruída, símbolo profundo, impregnado no inconsciente coletivo da cultura formadora do Ocidente.

Um fotógrafo, postado estrategicamente naquele ponto da subida, sem que percebêssemos, registrou em um instantâneo a expressão boquiaberta de encanto e emoção que se estampou nos nossos rostos. Enquanto subíamos ao topo da colina, revelou a foto, que nos vendeu na volta. Ao registrar a lembrança da cena, imagino a reprodução da foto ilustrando a página de abertura deste livro.

Ainda fomos à tarde a um museu, para mim, uma overdose de classicismo, para meu tio uma mais emoção deslumbrada; à noite, com o sócio e mais outros brasileiros conhecidos que, não sei o porquê, apareceram, fomos conversar, comer e beber em um bar da Plaka, bairro boêmio de Atenas.

Nunca antes tinha convivido pessoalmente tão de perto, com o modo de ser e os sonhos de meu tio, como nessa viagem a Atenas. Para praias tropicais, um urbanista grego, para a realidade inaceitável, a esperança, ainda que vã, na possibilidade de um caminho; diante da arte eterna, o deslumbramento e o gosto pela conversa solta e sem sentido, em um bar de país distante e bebidas diferentes.

―――XVIII―――

EM PARIS

De Atenas, voltei à minha base em Genebra e, alguns dias depois, como tínhamos combinado na primeira conversa telefônica, encontramo-nos novamente, tio Carlos e eu, em Paris, para jantar.

Na França, como na Suíça, hospedei-me com um amigo, diplomata em início de carreira. Como não conhecia mais ninguém e meu amigo saía todos os dias para o trabalho sem hora para voltar, explorei sozinho os quatro cantos da cidade em longas caminhada a pé, no frio de janeiro, naquele ano não particularmente intenso.

O jantar com tio Carlos foi em um restaurante, escolhido por ele, em uma esquina de ruas estreitas, na ilha de Saint Louis. Como é quase lei na França, comemos e bebemos muito e bem. E conversamos também.

Começamos falando sobre o trivial, Paris, o inverno, a Catedral de Notre Dame e a adorável pequena ilha onde estávamos naquele momento. Depois, discutimos um pouco mais a sério sobre o contrato assinado com o arquiteto grego. Meu tio me falou de seu entusiasmo pelas terras na Rio-Santos, depois sobre os novos negócios que estava começando em sua vida de empresário.

À proporção e na medida em que íamos tomando mais vinho, íamos nos soltando.

A certa altura, como que puxando assunto, tio Carlos me perguntou se eu ainda estava fazendo psicanálise. Pressenti o sinal de inicio de uma conversa mais séria sobre questões pessoais e escolhas existenciais. Respondi que, sim, que eu continuava fazendo análise.

Como eu já tinha imaginado, o diálogo tinha o potencial de transformar-se em um debate, que meu tio iniciou de pronto, proclamando taxativo:

— Você sabe, eu acho que esse negócio de psicanálise não é a chave da felicidade total, como parece que muita gente acha.

Respondi concordando em parte:

— Minha mãe me disse, na primeira vez em que tentei fazer terapia, que ela não gostava "desse negócio de análise". E explicou o motivo: "Porque todo filho que começa a fazer análise fica logo com mania de culpar os pais por tudo de ruim que lhe acontece."

Começou meu tio então a formular, em catadupas, frases e teorias sobre psicanálise e psicólogos, terapeutas e pacientes que, mais tarde, resultaram em uma série de artigos publicados. Minha resposta sumária foi um comentário sarcástico:

— Você não estará dizendo a mesma coisa que a minha mãe, só que de uma forma intelectualizada? Será que você, no fundo, não se sente um pouco como ela?

— Lá vem você com essa atitude, típica dos analisados,

de tentar explicar por quê as pessoas dizem o que dizem, em vez de prestar atenção no que elas dizem.

— Talvez. Mas, olhe, em muita coisa concordo com você. Há uma tendência ao exagero, talvez certo modismo, em relação à psicanálise. Eu acho que ajuda sim — é sempre bom ter alguém a quem a gente paga para falar na primeira pessoa do singular. Mas essa história de *cura*, essa mania de interpretar tudo e todos acaba mais confundindo a cabeça dos pacientes.

Não seria preciso um analista para perceber que o diálogo, na superfície meramente intelectual, escondia nas entrelinhas alguma coisa de pessoal, talvez profunda. Eu, à época vivia uma etapa de transição, questionava-me sobre o quanto o analista com que estava me consultando seria capaz de amansar a inquietação aflita de que eu começava a me sentir presa.

Consegui ocultar comigo mesmo minhas angústias. Tio Carlos, porém, depois de muitas frases elegantes, ideias e reflexões, revelou uma preocupação que certamente o estava atormentando, em relação à filha caçula.

— Cristina agora cismou que quer ir passar um ano em Londres.

— Ela arranjou alguma bolsa lá?

— Não. Nada.

— Quer dizer que ela quer ir sozinha, com você pagando?

— Mais ou menos. Parece que ela tem umas amigas que moram lá. Mas eu já disse que não, que ela não vai. Só deixo que ela vá se arranjar uma bolsa ou um emprego.

O desabafo me encheu de orgulho. Afinal, ele, meu tio, mais velho, me elogiava, discutindo comigo problemas de seu relacionamento com minha prima Cristina. Senti como se ele estivesse, e acho que estava, me pedindo ajuda e conselho.

Orgulhoso, liberto pelo vinho, de qualquer natural resquício de temor reverencial pela figura poderosa, tornada surpreendentemente humilde, soltei-me.

— Tio Carlos, você chegou a pensar que talvez Cristina esteja justamente querendo tirar umas férias de você?

— Como assim?

— Coloque-se no lugar dela: filha caçula, temporã, única menina, de um pai poderoso e intenso como você.

— É, talvez...

— Ela quer respirar, tio Carlos. Ter liberdade, ter vida.

— Eu sei. Acho até justo. Se ela conseguir uma bolsa ou um emprego, eu deixo que ela vá. Se não, não vai. Ela precisa de ter, pelo menos, uma obrigação, alguma coisa que fazer.

— Você quer que ela tenha uma obrigação e ela quer liberdade.

— Ela vai quebrar a cara.

Atormentado à época por minhas próprias aflições, tentando eu mesmo libertar-me de pressões e amarras que sentia me terem muito tempo sufocado, fui veemente, talvez até agressivo:

— Provavelmente. Nesta viagem, conheci, aqui mesmo em Paris e em Roma, moças em situação difícil. Morando em quartinhos apertados em um quinto andar sem elevador, fumando maconha, bebendo, trepando com um e com outro ...

— Pois é. Uma coisa assim é exatamente o que eu temo que aconteça com Cristina. E não quero. Não vou deixar minha filha quebrar a cara.

Já sem qualquer resquício de receio, sentindo que defendia, de uma só vez, boas ideias e boas causas, proclamei tomando ares de sábio conselheiro:

— As pessoas têm o sagrado direito de quebrar a própria cara sozinhas. E, muitas vezes na vida, uma experiência negativa é útil, indispensável até, para crescer.

E concluí, taxativo:

— Deixe a menina ir, tio Carlos.

Sem demonstrar contrariedade ou ofensa, meu tio, com uma frase, mudou o assunto, enquanto escolhíamos a sobremesa. Mais tarde, citou minha frase em um livro ou um artigo: "As pessoas têm o sagrado direito de quebrar a própria cara sozinhas."

Algum tempo depois, sem ter bolsa nem emprego, minha prima Cristina, financiada pelo pai, ia passar uma longa temporada em Londres. Talvez tenha vivido momentos difíceis, talvez tenha até quebrado a cara, não sei. Só sei que, quando voltou para o Brasil, já estava namorando seriamente o rapaz com quem veio depois a se casar. Para dar ao namoro um toque de tragédia shakespeariana, o moço por quem minha prima se apaixonou era filho de um homem conhecido, Luiz Simões Lopes, amigo próximo do grande inimigo da família — Getúlio Vargas.

A versão Lacerda de Romeu e Julieta teve um final feliz. Cristina e o marido estão, no momento em que escrevo, casados e unidos, há mais de quarenta anos. Dos casamentos realizados àquela época de transição de costumes é um dos poucos que resistiu ao tempo.

Ainda em Paris, meu tio me levou no dia seguinte para jantar na casa de um amigo dele, o pintor Cícero Dias, que, casado com uma moça francesa, morava em Paris há algum tempo. Eu, ignorante convicto em artes plásticas, não conhecia o famoso artista, nem de obra nem de nome. Achei-o um sujeito alegre e espirituoso.

A conversa durou até altas horas. Tio Carlos divertiu-se imensamente. Vi-o contar e ouvir histórias engraçadas, dizer e ouvir frases de espírito, sorrir muito, algumas vezes até, rir às gargalhadas.

Na volta, no táxi, perguntou-me:

— Que tal? Divertiu-se?

— Muito. O papo estava uma delícia.

— Pois é. Uma das razões pelas quais eu viajo tanto é para conversar. No Rio de Janeiro, quase não tenho mais com quem conversar.

Soltei em resposta, mais uma frase de efeito, vinda do fundo da pretensiosa sabedoria de minha alma aflita:

— As pessoas inteligentes demais tendem naturalmente à solidão. E sofrem com isso.

— XIX —

APARTES

Reconhecido, até por seus adversários, como um grande orador, tio Carlos era notável também pelas respostas prontas e contundentes que, no curso de seu mandato como deputado federal, costumava dar, com grande presença de espírito, a colegas deputados que tentassem quebrar, com apartes agressivos, o fluxo de seus discursos da tribuna da Câmara.

Exemplo particularmente famoso dessa aptidão foi sua reação a um parlamentar que, do plenário, interrompeu uma fala de meu tio, gritando com voz empostada: "O discurso de V. Excia. é um purgante." A resposta imediata de tio Carlos fulminou-o, fazendo com que caísse sobre o aparteante uma desmoralizadora gargalhada:

— E o aparte de V. Excia. é o efeito.

Outro aparte, talvez não tão conhecido mas igualmente agudo, foi-me contado por ele mesmo, em um momento difícil de minha vida, marcando-me positivamente de forma decisiva.

Conto o episódio:

Voltando da Europa, retomei meu trabalho como professor pesquisador da faculdade de direito da Universidade Católica, com fervor ainda maior que antes de viajar.

O trabalho era realmente mobilizador e inovador. Meu amigo Joaquim e eu, como foi dito, conduzíamos, um movimento que, modéstia à parte, deixou marcas profundas na história do ensino do direito no Brasil. Ele era o diretor da faculdade, eu, além das aulas de direito tributário, liderava um projeto de pesquisa teórica interdisciplinar, o primeiro trabalho desse tipo em uma faculdade de direito no Brasil. Os dois tentávamos, como autênticos missionários, modernizar os métodos tradicionais de ensino.

A pedra de toque do novo método eram as aulas totalmente dialogadas, com base em materiais escritos, especialmente preparados pelos professores e distribuídos previamente aos alunos. Como professores, Joaquim de direito constitucional, eu de direito tributário, adotávamos fielmente o método em nossas aulas. A rigor, o que experimentávamos era essencialmente o que tínhamos vivido nos Estados Unidos, onde o método que pregávamos já era adotado há muitos anos. No Brasil, porém, representava uma grande ruptura, modificando formas e estruturas tradicionais e centenárias.

Joaquim, como diretor, e eu, como seu amigo e braço direito, enfrentávamos resistências pessoais e dificuldades materiais de toda ordem. Tínhamos que encontrar e atrair professores capazes de adotar o novo método, conseguir recursos de pessoal e material para viabilizar a preparação e impressão dos materiais de classe, em uma época em que ainda era necessário datilografar os textos em um tipo de papel gelatinoso chamado *estêncil*, que servia de matriz para impressão, cópia por cópia, em um rudimentar mimeógrafo.

De início, os alunos não reagiram positivamente a rotina de ensino que tinha como requisito essencial a preparação prévia de cada aula, lendo os materiais de classe. Mas, em pouco tempo, perceberam que o novo método tornava as aulas intelectualmente instigantes, mais vivas e mais produtivas, e passaram a apoiar decididamente o movimento.

As resistências dos professores mais antigos, porém, eram mais difíceis de vencer. Joaquim, eu e alguns poucos outros pioneiros ficávamos muitas horas por dia na universidade, tínhamos um lugar de trabalho, com mesa, cadeira e máquina de escrever. Os demais professores, todos, passavam na escola apenas o tempo de suas aulas. Nosso grupo era de jovens e éramos queridos pelos alunos. Perto de nós, os demais professores, mesmo aqueles que não chegavam a ser velhos, eram apresentados e percebidos como ultrapassados.

Em uma frase, o trabalho, em tese, intelectual e acadêmico, era, na verdade, uma luta carregada de sentimentos fortes.

A informalidade e a intimidade entre professores e alunos, as posturas irreverentes que adotávamos em nossas aulas, a liberdade absoluta de debate, além dos custos financeiros do projeto, incomodavam também a administração da universidade, presa aos parâmetros tradicionais de uma escola religiosa, gerida por padres jesuítas.

Joaquim, como diretor e líder do movimento, tinha, a cada dia, atritos mais intensos com os altos escalões da burocracia da universidade. Um dia, cansou-se de confrontações contínuas e decidiu deixar a direção. Combinamos, então, que trocaríamos de lugar: ele me substituiria na condução da pesquisa, eu assumiria o lugar dele na direção da faculdade.

Assumi o posto, provisoriamente, durante alguns dias, conforme permitido pelas normas estatutárias, enquanto Joaquim se licenciava. Mas para que eu fosse nomeado em definitivo, era preciso um ato formal do próprio reitor da Universidade. Havia sérias objeções ao meu nome. Eu era separado e sabia-se que eu tinha tido relacionamentos amorosos com alunas. No período em que exerci provisoriamente a direção, eu vivia, com a intensidade que me era peculiar, um namoro com uma funcionária da escola e, ao mesmo tempo, uma paixão romântica por uma aluna. Usava roupas exageradamente informais, cabelos grandes, longas costeletas; carregava comigo para todo lado, um gravador ligado, tocando sonatas de Beethoven e árias de óperas de Verdi.

Meus amigos mais próximos, diziam-me que eu estava vivendo um redemoinho psicológico vertiginoso, era visível e eu me sentia assim.

A velocidade do redemoinho cresceu substancialmente quando se colocou a questão da minha pretendida nomeação para diretor da faculdade. Ao confrontar as resistências que me eram opostas, eu confrontava crenças religiosas e preconceitos. A um padre, vice-reitor que tratava do processo, cheguei a afirmar, em uma carta candente, que minha tumultuada vida afetiva, que, perante a Igreja Católica, me definia claramente como um escandaloso pecador, era na verdade uma busca e, por isso, um exemplo de vida cristã.

O processo, que começara como uma conspiração discreta de Joaquim e minha, adquiriu proporções inesperadas. Fui ficando cada vez mais agitado e nervoso. Dormia pouco, trabalhava muito, falava sem parar, alternava instantes de agressividade desabrida com outros de ternura evangélica piegas.

O tratamento psicanalítico que, supostamente, deveria ajudar-me a conviver com minha ansiedade, era, ao contrário, um fator acelerador. Eu fazia análise de grupo, muito comum à época. E, perante o grupo, eu desfiava repetidamente meu dilema existencial entre o personagem com pretensões a revolucionário que eu vivia na universidade e o advogado tradicional e engravatado que eu ainda tinha que ser no escritório. A própria divisão e o meu lado tradicional incomodavam o grupo que constantemente me agredia, empurrando-me a assumir completamente meu lado contestador e turbulento.

A vertigem levou à explosão. Em um paroxismo de agitação, eu comecei a delirar, dissociado da realidade. Meu terapeuta convenceu-me então a internar-me em uma clínica e submeter-me ao tratamento então recomendado para o tipo de distúrbio psiquiátrico que eu vivia — a sonoterapia.

Passei duas semanas em um quarto de hospital, tomando remédios fortes que me faziam dormir até dezoito horas por dia. No pouco tempo que passava acordado, escrevia reflexões que me pareciam sábias e profundas, mas que só eu compreendia e desenhos confusos com legendas consideradas desconexas. E recebia visitas.

Um sábado à tarde, tio Carlos veio me visitar. Sensível como era, percebeu que, à medida que eu voltava ao contato com a realidade, começava a me preocupar em como me reinserir no mundo sufocante do dia a dia. No fundo, eu pensava, não há quem não sinta certo receio de perder o controle da razão. Por isso, eu temia que as pessoas com que as quais eu ia voltar a conviver, tendessem a me evitar.

— Você está me dizendo — perguntou-me tio Carlos — que sente vergonha do que aconteceu com você. É isso?

— É exatamente isso — respondi — Vergonha e medo. Ninguém há de querer chegar perto de alguém com rótulo de maluco. E eu sou um paciente psiquiátrico, logo louco.

— Não tenha vergonha, não. Pelo contrário. Você viveu uma experiência profunda e rara. Certamente vai sair disso como uma pessoa mais sensível e melhor.

Foi nesse contexto que tio Carlos contou-me a história que anunciei mais acima.

— Vou contar uma coisa que me aconteceu. Um dia eu estava fazendo um discurso sério na Câmara quando um deputado, não me lembro o nome, com quem eu estava discutindo, proclamou, como quem me acusa de um crime grave: "V. Excia. fez sonoterapia." Sabe o que eu respondi?

Não sabia, nem nunca confirmei, se meu tio algum dia, realmente foi submetido ao mesmo tipo de tratamento pelo qual passei e perguntei, apenas, mecanicamente:

— E o que você respondeu?

— E V. Excia. não fez.

Este diálogo marcou-me. Não tanto, talvez, quanto eu temia, mas as memórias de um descarrilamento psiquiátrico como o que vivi marcam as pessoas que o sofrem e tendem a periodicamente ressurgir, como fantasmas ameaçadores, gerando insegurança e falta de autoconfiança. Naquela tarde, tio Carlos, com uma frase, ensinou-me a transformar um momento tenebroso em uma iluminação.

Sempre que penso — e, embora raramente, até hoje, por vezes ainda penso — naqueles momentos, digo-me que, por ter visitado um país do qual poucos que vão conseguem voltar, conheço a trajetória e aprendi a não repeti-la. Vacinado contra o vírus do desequilíbrio psicológico, consigo viver tranquilo e ser feliz.

Naquela tarde, continuamos ainda a conversa. Confessei a meu tio, com serenidade e lucidez, que a mim mesmo surpreendeu, que, passados o delírio e a excitação, estava reencontrando devagar, no fundo da alma, a fé que um dia tinha tido e voltando a acreditar em Deus.

— Pois então, já que falamos em Deus, vamos à casa Dele.

Tio Carlos entendeu-se com os médicos do hospital, obteve permissão para que eu saísse por algumas horas. E fomos juntos a uma igreja, assistir missa.

XX

RECLAMAÇÃO TRABALHISTA

As dificuldades psicológicas que atravessei repercutiram sobre minha vida profissional. Deixei meu emprego como professor-pesquisador, de tempo contínuo na universidade, continuando, porém, a dar aulas, como todos os demais professores, na situação jurídica de horista. Deixei também o escritório onde trabalhava meio expediente e consegui um emprego, em tempo integral, em outro escritório. Ganhar a vida, pagar dívidas, sustentar filhos era a grande prioridade, como necessidade objetiva e como terapia subjetiva.

Trabalhei nesse escritório durante algum tempo, disciplinado e aflito, mais resignado que contente. Meu primo Sérgio, não sei se por solidariedade ou necessidade, talvez por ambos, chamou-me para coordenar os serviços jurídicos do grupo de empresas que ele dirigia, de que tio Carlos era uma espécie de presidente de honra. Ganhar melhor e chefiar fizeram-me bem.

Àquela altura, em plena ditadura militar, tio Carlos, se tinha alguma atuação política, não a revelava em família. Trabalhava na editora que tinha fundado, sem esconder certa nostalgia do tempo de liderança e destaque. Chegou a escrever artigos para jornais, alguns até com o próprio nome, outros sob pseudônimo. Nesses artigos, de que me recordo apenas vagamente, falava abertamente sobre política, mas em Portugal e na África. Acolheu e ajudou no Brasil um dos líderes, depois deposto, da revolução que derrubou a ditadura de Salazar, o ex-presidente António Spinola, a quem cheguei a ser apresentado em uma festa em casa de tio Carlos, uma figura solene, de jaquetão e monóculo.

Tio Carlos, então, se tornou precipuamente um editor e um empresário. No afã de produzir, dedicou-se a coordenar a edição de um dicionário, já em elaboração há alguns anos por Aurélio Buarque de Holanda. Reencontrando o habitual entusiasmo, falava a toda hora do progresso do trabalho da equipe de pesquisadores, que instalou na própria editora.

O dicionário, lançado afinal pela Nova Fronteira, o famoso *Dicionário Aurélio*, é, até hoje, um dos principais da língua portuguesa e, acredito, sem certeza, foi o primeiro a ser integralmente produzido e editado no Brasil.

Eu trabalhava diretamente para meu primo Sérgio e, por isso, tive poucos contatos profissionais com tio Carlos. Um deles, porém, foi mais um daqueles episódios característicos de seu temperamento e modo de ser.

A pedido de tio Carlos, tinham sido admitidos ao grupo de empresas em que eu trabalhava dois personagens, sem grande qualificação, amigos e protegidos de um dos antigos secretários de meu tio no governo do Estado da Guanabara. Trabalhavam na condição de autônomos em funções pouco importantes. Um dia, não me lembro por qual motivo, foram mandados embora.

Pouco depois, entraram com uma reclamação trabalhista contra a empresa, pedindo que fosse reconhecido que tiveram, de fato, uma relação de emprego. Junto com os advogados que eu coordenava, examinamos o caso e concluímos que os reclamantes tinham razão; como era costume em situações daquele tipo, recomendamos que, já na primeira audiência, a empresa oferecesse um acordo razoável, que provavelmente seria aceito.

Tio Carlos não gostou da ideia e me chamou para conversar com ele em sua sala na editora.

— Não quero fazer acordo com esses sujeitos. Nenhum acordo.

— Mas, tio Carlos — ponderei — por lei, eles têm direito.

O diálogo que se seguiu beirou o surreal:

— Não acredito. Não acredito que a lei possa proteger pessoas desse tipo. Os dois não têm caráter. Um deles já até foi processado por passar cheque sem fundos.

— A lei trabalhista não se interessa pelo caráter das pessoas. A única coisa que interessa são as circunstâncias de fato da relação. Os dois tinham, em relação à empresa, subordinação hierárquica, cumpriam ordens, obedeciam horário, recebiam um valor fixo mensal. É quanto basta para que sejam considerados legalmente como empregados.

— Não aceito. Não pode ser.

— Não pode ser, mas é. Como gostam de dizer os franceses: é a lei, não sou eu quem faz a lei.

— Não vou propor o acordo. Esses sujeitos são uns safados. Não faço acordo com quem não tem caráter.

— Se você não quer o acordo, você é o chefe, você manda. Não tem acordo. Vou dar ordem a algum dos advogados que conteste a reclamação. Mas a empresa vai perder, tenho certeza. Vai jogar dinheiro fora.

— Pois faça isto.

— Só não vou assinar a contestação. Não quero passar vexame perante um juiz.

— Não faço questão que você assine. Mas faço questão de contestar. Repito: eu simplesmente não me conformo de fazer acordo com quem não presta.

— Assim será feito.

Não sei o que tio Carlos tinha contra os dois funcionários. Alguma coisa hão de ter feito; meu tio, eu sempre soube, era sujeito a fúrias indignadas e acessos de insensatez, mas era totalmente incapaz de mesquinharia ou rancor.

Na minha visão, o episódio retrata mais uma vez aquilo que eu caracterizava para mim mesmo como "possessão". Tio Carlos, a despeito de sua superior inteligência, cismava às vezes em assumir uma postura insensata, prejudicial a seus próprios interesses, tornando-se um prisioneiro, acorrentado pelas próprias emoções.

Lembrei-me de um comentário que uma vez meu pai, com seu agudo e terno senso de humor, fizera a ele, aproveitando a intimidade crítica permitida a um irmão mais velho:

— Carlos, você é um dos homens mais inteligentes que eu conheço. É difícil argumentar com você. Mas, muitas vezes, você coloca toda sua inteligência a serviço da burrice. E o resultado é uma burrice invencível.

Outro contato, também com certa adversidade, ocorreu em um contexto profissional, quando tio Carlos me telefonou, em uma sexta-feira à noite, pedindo que eu fosse à casa dele para discutir algum problema legal que o afligia. Delicadamente, recusei-me:

— Se o problema fosse realmente urgente, é claro que eu iria. Mas posso assegurar a você, profissionalmente, que não é. Temos tempo. A partir de segunda-feira, estou à sua disposição, à hora que você quiser, no lugar que você indicar. Mas o fim de semana, para mim, é de descanso.

A um cliente normal, eu não falaria nesse tom. Para manter um bom cliente, um advogado tem, muitas vezes, que curvar-se a caprichos sem sentido. Mas meu tio era meu tio, irmão de meu pai, não meu cliente. E, com uma certa impaciência, recusei-me a fazer o que me pedia.

Na segunda-feira de manhã, recebi dele um bilhete, que não guardei, mas de que me lembro bem. Era uma nota manuscrita, ao mesmo tempo muito firme e muito gentil. Dizia que tinha chamado outro advogado para atendê-lo, no problema legal que naquele momento o afligia. Achava melhor assim, principalmente para proteger a relação pessoal comigo, para ele, muito mais importante que qualquer questão jurídica ou profissional.

Assim que recebi a nota, telefonei a tio Carlos, agradecendo e concordando integralmente.

Penso, às vezes, que fui uma das poucas pessoas que manteve para com meu tio uma atitude sempre altiva e sempre também afetuosa. Por isso, acredito, talvez pretensiosamente, que ele me agradecia e admirava.

Como todo temperamento forte de líder verdadeiro, tio Carlos atraía pessoas interesseiras e submissas, mas apreciava a altivez e a sinceridade; e recebia de braços e coração abertos, ainda que com a mente fechada, contestações e negativas, se viessem envolvidas em afeto genuíno.

―― XXI ――

UM BOM PAPO

Em outubro de 1975, alguns meses depois de completar 65 anos, meu pai submeteu-se a uma cirurgia em que removeu um dos rins. Logo após a operação, o próprio cirurgião informou à família que meu pai tinha, no rim retirado, um tumor maligno. Com a extirpação da glândula, desaparecia aquele tumor específico. Mas, em toda probabilidade, pelo tipo de tumor e pelo estágio em que se encontrava, tudo levava a crer que já tivesse se espalhado.

E, de fato, foi isso que ocorreu. Minha tia Vera e a mulher com quem meu pai tinha se casado depois de separar-se de minha mãe decidiram, com o acordo do médico, nada dizer a meu pai sobre a gravidade de seu estado.

Eu, filho único do doente, também consultado, não soube como votar e me abstive.

Minha tendência natural era, por compulsão ou por hábito, sempre a favor da verdade. No caso, porém, havia fortes razões do lado da mentira. Consultei-me com um psiquiatra amigo que me mostrou o óbvio, como tantos outros óbvios, sábio e invisível: meu pai era médico; inconscientemente, por certo, não ignorava o que tinha. Um dia, no dia em que ele próprio julgasse conveniente, deixaria que a informação passasse ao plano do consciente.

Provavelmente, ele já estivesse até plenamente consciente e preferisse, por escolha própria, movida por uma mistura de instinto de defesa e generosidade para com os que lhes estavam próximos, aceitar a proposta de viver a farsa que lhe era sugerida e fingir uma esperança, que sabia vã.

Em abril de 1976, no dia do aniversário do meu pai, minha madrasta organizou uma festa, marcada para o meio da tarde, para que meus filhos, ainda crianças, pudessem aparecer para despedir-se do avô que ia embora.

Tenho desse dia triste uma foto dos três irmãos, tio Carlos, tia Vera e meu pai, sentados lado a lado, na mesma ordem de outra, tirada mais de cinquenta anos antes. Na primeira, tio Carlos adulto tem o olhar esgazeado e o riso largo de quem bebeu e meu pai o semblante carregado, tentando em vão sorrir; na segunda, o Carlos menino, de franja e gravata mostra um olhar vivaz de menino travesso e seu irmão o mesmo jeito sério e bem comportado. Em ambas, tia Vera, mulher e menina, aparece comprimida entre o irmão mais moço e o mais velho. Percebo, nas duas imagens, uma coerência reveladora do jeito de ser dos três.

A doença foi piorando, inexoravelmente, e, no inicio de setembro, meu pai precisou ser hospitalizado, com prognóstico de que não iria mais voltar para casa. No momento em que ele dormia, reunimo-nos, minha madrasta, minha tia e eu, para decidir para onde o levaríamos. Chamamos também tio Carlos que estava em Petrópolis e prometeu sair na mesma hora e vir para o Rio nos encontrar.

Enquanto ele não chegava, começamos a conversa. Em pouco tempo, não mais que um instante, chegamos à conclusão que o lugar onde meu pai seria melhor atendido, em seus prováveis últimos instantes de vida, seria uma determinada casa de saúde do Rio, cujo proprietário, um conhecido médico, sabíamos ser muito amigo de meu pai, de uma amizade antiga e profunda.

Havia, porém, uma objeção. O médico em questão, digamos que se chamasse Antônio, tinha uma reputação questionável em matéria financeira. Era tido como ambicioso, um ganhador de dinheiro, sem maiores escrúpulos.

— O Carlos, tenho certeza, não vai gostar de nossa escolha, ponderou tia Vera. O dr. Antônio era funcionário do estado. Foi demitido pelo Carlos a bem do serviço público, depois, eu acho, de um inquérito administrativo.

— Eu sei disso, tia Vera — respondi — Mas meu pai gosta dele. É amigo. E ele gosta do meu pai. Eles se conhecem há anos. Lembro que uma vez meu pai me contou que disse a ele, brincando, uma de suas famosas frases engraçadas: "Antônio, eu tenho vários defeitos; um deles é gostar de você. Você não vale nada, mas eu gosto você."

Minha madrasta aprovou e tia Vera convenceu-se.

Antes de tio Carlos chegar, ligamos para a casa de saúde, falamos com o próprio dr. Antônio, combinamos a internação e ficamos esperando a ambulância, chamada para levar meu pai.

Tio Carlos chegou, antes da ambulância, e foi informado da decisão. Chegou a esboçar uma reação:

— Vocês podiam ter escolhido outro lugar. Vocês sabem que esse dr. Antônio tem fama de ladrão. Lembro até que eu assinei a demissão dele do estado, a bem do serviço público, por recomendação, acho, que da Secretaria de Saúde.

A objeção desapareceu, contudo, em um segundo, diante das ponderações que fiz. Abaixando a cabeça, tio Carlos concordou.

— Eu sei. Ele e seu pai são muito amigos. Você tem toda razão. É melhor que ele vá morrer lá, na casa de um amigo e amparado por ele, que no melhor hospital do mundo.

A ambulância chegou pouco depois e levou juntos para o hospital os dois irmãos, meu pai e meu tio, seguidos de carro por mim e por tia Vera. Terminado o processo de internação minha tia e eu fomos cada um para sua casa.

No dia seguinte de manhã, a caminho do trabalho, passei pelo hospital para uma visita. Meu pai, bem instalado, semblante tranquilo, ligado a soros e aparelhos de monitoramento, dormia.

Animados, como amigos de longa data que se tivessem reencontrado, tio Carlos e o dr. Antônio continuavam o bate-papo, que começara durante noite e atravessara toda a madrugada.

Dr. Antônio, afinal, além de mostrar-se um bom papo, nos daria a todos uma lição comovente de amizade. Acompanhou pessoalmente cada momento da agonia de meu pai, atento a que transcorresse da forma mais suave possível.

Chegou a mudar-se para seu quarto particular no hospital e só voltou para casa depois do desenlace, alguns dias depois. Perguntado sobre o preço da internação, protestou indignado:

— Eu? Cobrar qualquer coisa do Maurício? Nem pensar. Ele era meu irmão.

E o irmão de sangue do morto reconheceu agradecido que a virtude da amizade pode, às vezes, valer mais que o estreito cumprimento de códigos e leis. E que um funcionário demitido a bem do serviço público pode ser um bom amigo.

―― XXII ――

FESTA E LUTO

Em outra ocasião, meses antes de meu pai ser internado, minha prima Cristina procurou-me junto com seu então noivo. Os dois estavam pensando em se casar e queriam marcar a data. Com muito tato, deram-me a entender que queriam saber do estado de saúde de meu pai, pois temiam que ele viesse a falecer em data próxima ao casamento.

Fui sincero e direto:

— Vamos confiar em Deus e separar as coisas: meu pai é um paciente terminal. Os médicos dizem que ele pode morrer a qualquer hora, amanhã ou daqui a quatro, cinco meses. É imprevisível. Compreendo e agradeço a preocupação de vocês. Mas só há uma coisa a fazer. Marquem a data que for conveniente e o que tiver que ser, será.

A data do casamento foi marcada para um dia e mês, que, anos mais tarde, entraram para a história por um acontecimento trágico: 11 de setembro.

O que tinha que acontecer, aconteceu: meu pai morreu exatamente nesse dia, em 1976, o mesmo dia em que minha prima se casou. O falecimento foi de madrugada, por volta das quatro e meia; as bodas estavam marcadas para ser celebradas em um almoço festivo, na casa de tio Carlos em Petrópolis.

Ainda antes de começar a clarear o dia, levantou-se a possibilidade de, para não empanar o casamento de minha prima, não avisar a meu tio, que àquela altura, já estava em Petrópolis para a festa.

Meu amigo Edgar e sua esposa, que estiveram comigo durante a madrugada de agonia, me deram para o problema uma solução sensata e logica:

— Na casa do seu tio — ponderou Edgar — não tem telefone. Mas seu primo Sebastião está passando o fim de semana na casa de meu pai em Petrópolis. Ligue para ele e dê a notícia. E deixe que ele decida se avisa ou não o pai dele.

A esposa de Edgar, minha também grande amiga Lúcia Hippólito, com sensibilidade e firmeza, completou:

— E eu tenho a certeza que o Sebastião deve avisar e vai avisar. Não dá nem para imaginar que o dr. Carlos possa não ser informado que o irmão morreu!

Assim foi feito e, em pouco tempo, já tio Carlos estava no Rio. Com Edgar, abraçou-se em prantos. Não vi a cena; soube dela depois, contada por meu amigo. Para mim, meu tio mostrou-se triste, sério, semblante abatido, mas composto, ciente de que, naquele momento, cabia a ele consolar, não ser consolado.

Foi necessário também decidir quando seria o enterro, se naquela mesma tarde de sábado, se no dia seguinte. Mais uma vez meu amigo Edgar interveio com a palavra certa:

— Gabriel, sei que é difícil, que você passou a noite em claro, está exausto. Mas, pense bem: as pessoas mais próximas, a família, as pessoas que realmente gostam da família, vão querer ir aos dois — ao casamento e ao enterro.

Concordei imediatamente e o enterro foi marcado para o domingo, 12, às nove da manhã.

Tio Carlos voltou do hospital, onde estava ainda o corpo de meu pai, para Petrópolis, para a festa de casamento da filha. Uma pessoa querida, que esteve na festa, contou-me, mais tarde, como tinham sido as bodas. Choveu muito, a estrada até a propriedade estava enlameada, a festa foi no jardim, debaixo de toldos. Havia um ambiente estranho, tenso, corria à boca pequena, como boato, não propriamente notícia, que o irmão do pai da noiva tinha morrido naquele mesmo dia.

Ao final da tarde, tio Carlos já estava de volta ao Rio, encontrando-me na capela do cemitério onde, praticamente sozinho, eu velava o corpo de meu pai. Deu-me um abraço forte de tio amigo. Depois, como se tomasse o lugar do irmão, aconselhou-me, paternal:

— Agora que eu cheguei, meu filho, você pode ir embora. Você está cansado, abatido e nervoso. Vá para sua casa, tome um banho, um comprimido, descanse, durma. E apresente-se, amanhã de manhã, sereno, barba feita, camisa limpa.

E concluiu, com sensatez quase cruel:

— Um enterro é uma cerimônia pública. Em público, a gente deve sempre ter cuidado com a própria imagem.

Confesso que, na hora, o comentário me surpreendeu de forma desfavorável. Para que preocupar-se com a imagem, em um momento de luto e dor? Já no dia seguinte, convenci-me que, mais uma vez, tio Carlos tinha razão. Às sete meia da manhã eu já estava de volta à capela, sereno, camisa limpa e barba feita, como ele tinha recomendado, recebendo dignamente condolências de amigos, conhecidos e até de muitos estranhos, que me procuravam para contar recordações boas que tinham de meu pai.

De um senhor mais velho, um dos amigos mais antigos de meu pai, na fila de cumprimentos, depois do sepultamento, ouvi uma observação preciosa:

— Você agora, realmente, atingiu a maturidade.

Não tivesse eu seguido o conselho de tio Carlos, talvez não tivesse captado com a devida profundidade a experiência, existencialmente enriquecedora, apesar de dolorosa, da passagem de meu pai e as lições inesquecíveis que esse luto ensinou.

— XXIII —

CONTROVÉRSIAS LITERÁRIAS

Pouco antes da morte de tio Carlos, mantive com ele em mais um breve debate, dessa vez sobre tema literário, estritamente intelectual, próximo de ser teórico. Como muitos, senão todos, debates teórico-intelectuais, não se chegou a nenhuma conclusão. Mas a troca de atitudes e de correspondência é mais uma peça relevante na reconstrução de minha relação com ele e de sua personalidade.

Conto-o:

No contexto conturbado e intenso da época em que fui professor em tempo contínuo na Universidade Católica, vivi um episódio amoroso, referido brevemente acima, com uma aluna, chamada, digamos, Rosa.

Rosa era noiva, convencionalmente noiva, de aliança no dedo e postura comportada; um dia, sem que eu nada tivesse antes pressentido, procurou-me para uma conversa e declarou-se, sem rodeios, apaixonada por mim, literalmente me acusando de ter destruído, em alguns dias, a situação que ela teria levado alguns anos construindo — seu noivado.

Fui paternal e compreensivo, procurando descrever a ela, em termos psicológicos, a contradição que ela dizia estar vivendo.

Rosa declarou-se agradecida, sorriu um sorriso dúbio e deu a conversa por terminada.

Naturalmente que, pouco depois, eu também me apaixonei por ela, e rompi um namoro firme que mantinha então com uma outra moça, funcionária da universidade.

As marchas e contramarchas de um clássico triângulo amoroso (aliás, no caso, mais precisamente um quadrilátero — Rosa, seu noivo, minha namorada e eu), foram vividas por mim com a mesma intensidade agitada que, à época, eu atribuía a tudo que acontecia.

Descrevi as peripécias da novela amorosa (cujo desenlace, previsível, foi eu terminar sem Rosa e sem namorada), em um livro, escrito na primeira pessoa do singular, disfarçando-me sob o pseudônimo de Pedro, Pedro Pessoa, um personagem em quem corporifiquei as angústias de totalidade romântica e redenção que me atormentavam.

Enchendo-me de coragem, mandei o texto do romance a meu tio, com a esperança de que ele concordasse em publicá-lo por sua editora.

Tio Carlos demorou muito a responder. Contive a custo minha ansiedade e aguardei, durante meses, sem ousar cobrar uma resposta. A resposta veio, finalmente, em uma carta cujo original foi perdido.

Lembro-me que, delicadamente, com todo cuidado para não me magoar, tio Carlos informou-me que preferia não publicar o texto.

Não usou, contudo, para a resposta, alguma forma de texto padrão, do tipo que editores costumam adotar nessas situações.

Havia na carta, se bem me lembro, uma consideração especial, um estímulo sincero a que eu continuasse a desenvolver uma suposta vocação de escritor.

Havia também, principalmente, uma preocupação clara com o modo desabrido como eu, no romance, expunha-me, escancarando ao leitor a angústia existencial que tinha pessoalmente vivido e, até certo ponto, ainda vivia.

Respondi, na mesma hora com um bilhete simpático, resignado e sincero. Eu era capaz de perceber que o texto tinha defeitos graves, era literariamente pobre, mais um desabafo que uma novela. Com sinceridade também, eu proclamava a intenção de continuar escrevendo.

Meu tio, também foi rápido na resposta, mandando um bilhete, que consegui localizar em meu arquivo. Disse-me, em nota datilografada:

22 de abril de 1977

Gostei muito de seu bilhete manuscrito datado de 20 e hoje recebido. Gostei pela compreensão e, sobretudo, pelo fato de não desistir de uma vocação que pode, perfeitamente, sem qualquer incompatibilidade, coexistir com outra ou outras.

Acho que com tempo e, sobretudo, amansando suas ansiedades, você conseguirá escrever ficção — e digo ficção sem excluir o que há de pessoal dentro dela. Mas, lembre-se da epígrafe daquele escritor que nem sei quem é, nem onde encontrei, que pus no capítulo de abertura de A Casa do Meu Avô: *"os olhos do escritor devem estar secos".*

Um abraço do tio

Minha resposta, também por escrito e de que guardei uma cópia, foi talvez exageradamente rebuscada, mas sincera. Disse:

28 de abril de 1977
Tio Carlos,
Seu bilhete de 22 de abril, vindo de quem vem, é um daqueles de guardar pela vida afora, para ler a cada cinco ou dez anos.

Em primeiro lugar pela confiança que ele manifesta (e inspira), tranquila, naquilo que, antes que uma verdadeira <u>vocação</u> é uma <u>aspiração</u>.

Em segundo lugar pelo conselho que exprime. No momento, e sublinho, no momento, não me parece acertado. O ato de escrever, ficção ou seja lá o que for, é para mim, hoje, impossível se não como resultado de uma ansiedade, talvez uma inquietação criativa. Os mansos e calmos vivem mansa e calmamente e não escrevem.

Não acho tampouco que os olhos do escritor devam estar <u>secos</u>. Muito pelo contrário, vejo-os, se não úmidos, pelo menos brilhantes, muito brilhantes, de um brilho que sinto impossível em olhos secos.

Mas disse e repito: daqui mais cinco anos, lerei de novo o bilhete, cotejando com o que se passar no período. E talvez lhe dê razão.

Há tempos lhe disse que deve-se procurar plantar sementes, não árvores. E as sementes que recebo, especialmente aquelas que, como o seu bilhete, provêm de árvore rica, são por mim regadas e cultivadas, com paciência e devoção.

Pretendo, assim, com o máximo cuidado para não criar, pelo exagero, uma incompatibilidade de aspirações, continuar a, de vez em quando, colocar frases no papel, em um projeto, por ora apenas tentativo, que começa a tomar forma.

Um grande abraço e, mais uma vez, muito obrigado.

Mais tarde, em conversa, meu tio confessou-me que vivera um momento de desconforto. O romance, afinal, não chegava a ser bom, mas não era de todo ruim. E ele temia, de fato, com sua recusa, inibir em mim o meu impulso de escrever. Insistiu mais uma vez, com veemência, que eu não devia "desnudar-me", sem defesa, abrindo intimidades e revelando pormenores de época perturbada de minha vida pessoal.

Sobre se os olhos do escritor devem ser secos ou molhados não chegamos a falar. Como prometi em minha carta a tio Carlos, li e reli várias vezes o bilhete dele. Conferi também a citação completa, na epígrafe do livro que meu tio escreveu. O escritor mencionado, do qual eu tampouco nunca mais ouvi falar, chamava-se Darien; a frase completa é que os olhos do escritor "para serem claros devem ser secos".

Concordo que emoção e lágrimas podem prejudicar a clareza de um texto. Mas continuo achando que um romance, sobretudo um romance autobiográfico, há que ser agradável de ler e deve ter forma correta, mas será sempre carregado de emoção, porque necessariamente nascido de um extravasamento de ansiedade.

E até hoje indago-me, intrigado, como um homem que derramou paixão e incontinência em quase tudo que disse e escreveu durante a vida, já perto da morte, preconize uma atitude, que, pelo menos como eu a percebi, parece ser de contenção e sobriedade.

Talvez, meu tio quisesse apenas me proteger da exposição que julgava perigosa. Mas a frase do escritor desconhecido ficou lá, na epígrafe do primeiro capítulo de *A casa de meu Avô*, o último — e melhor — dos muitos livros que escreveu.

Pergunto-me também se ele não me desaprovaria, se pudesse ler o que ando escrevendo e pretendo ainda escrever neste livro, em que falo de mim e dele também. A pergunta, é claro, jamais terá uma resposta. Mas o fato de deixar atrás de si perguntas sem resposta é, afinal, um dado a mais de uma personalidade marcante.

XXIV

REUNIÃO NA EDITORA

Duas ou três semanas depois da morte de meu pai, Tio Carlos me chamou para uma conversa na Nova Fronteira. Não adiantou o assunto, mas, pelo tom de sua voz ao telefone, intuí que devia ser assunto sério.

Era. Queria falar sobre a herança de meu pai.

Por testamento, de que, ainda em vida, tinha me dado conhecimento, meu pai deixara à minha madrasta a metade livre de seus bens. Eu não fizera qualquer objeção. Minha mãe estava protegida: quando se separou, meu pai deixou com ela a metade que lhe cabia do apartamento residencial que era dos dois em condomínio. Para ela, deixou também duas pensões a que ele tinha direito. Nada mais natural que, dos bens que possuía quando de sua morte, deixasse à mulher que o acompanhara na etapa final da vida, a metade de que podia, por lei, dispor, e a mim a outra metade, a chamada *legítima*.

Os bens eram poucos e era impossível dividi-los em duas partes iguais. Integravam o espólio três itens: o título de um clube de luxo, comprado por sugestão de minha madrasta, com o dinheiro de uma indenização recebida por meu pai, uma pequena poupança em dinheiro, e o terreno em Petrópolis, que meu tio, tempos antes, como contei, havia prometido me doar e acabara doando a meu pai e não a mim. Terreno e poupança, somados, valiam muito menos que o título.

É claro que a solução óbvia seria vender o terreno e o título do clube, somar o valor recebido ao dos investimentos em dinheiro e dividir o total por dois. Mas o título do clube era, do ponto de vista pessoal, particularmente valioso para minha madrasta; ali ela havia desenvolvido uma roda de amigos e transcorria uma parte relevante da movimentada vida social que por certo gostaria de manter.

Tio Carlos preocupava-se com a perspectiva de que, por conta da herança, viesse a ocorrer alguma forma de litigio entre eu e ela. Tinha me chamado precisamente para convencer-me a deixar que minha madrasta ficasse com o título e eu com os outros bens.

Percebi isso logo ao início da conversa para a qual ele tinha me convocado. Em termos estritamente financeiros, a sugestão de meu tio seria, é claro, desvantajosa para mim. Mas, eu já tinha, percebido que seria provavelmente a vontade de meu pai que minha madrasta o sucedesse no clube. Um acordo entre os herdeiros permitiria, além do mais, concluir facilmente o inventário, economizando tempo e custos.

Tio Carlos ainda não sabia, porém, da minha disposição. Por isso, começou a conversa cheio de dedos, reticente e indireto.

— Não sei se cheguei a dizer a você, mas eu doei o terreno em Petrópolis a seu pai, não a você, com um propósito: achei que seria bom que ele tivesse bens para compensar o valor do título do clube. Ele já estava doente...

— Nem sabia que você já tinha completado o processo de doação. Nunca mais tínhamos falado no assunto.

— Pois é... eu gostaria que o terreno ficasse na família. É colado na minha casa...

Cheguei a pensar em prosseguir a conversa, só para ver até que ponto a inteligência de meu tio era capaz de contornar a realidade fria dos fatos. O terreno me fora prometido como recompensa por meu trabalho na ação movida contra ele. E a área doada a meu pai era apenas um pequeno lote, de um loteamento maior, destinado à venda e era, portanto, inevitável que ele tivesse muitos vizinhos desconhecidos em sua casa de Petrópolis. Ponderei, contudo, a mim mesmo, que não valia a pena continuar uma discussão cujo único propósito plausível seria divertir-me com os rodeios de meu tio. Atalhei, então, diretamente:

— Já percebi que você quer me convencer a ficar com o terreno e a poupança e deixar o título para minha madrasta...

— Não é bem isso. Antes de mais nada, acho eu que devia a você uma informação e uma explicação; uma informação de que a doação já foi feita e uma explicação de por que doei o terreno a seu pai, não a você.

Não tomando caso da observação, concluí taxativo a frase interrompida:

— Não precisa me convencer, tio Carlos. Eu já estava pensando nisso mesmo. Acho que seria essa a vontade do meu pai.

Meu tio pareceu ao mesmo tempo surpreso, contente e até emocionado. Consolou-me e elogiou-me:

— Você é moço, um profissional competente e bem sucedido. Vai ganhar dinheiro suficiente para comprar títulos de quantos clubes quiser...

— Não estou nem aí para isso. Estou apenas sendo prático. A solução que você sugere é mais simples e coerente com o que me parece que seria a vontade de meu pai.

— Você tem uma boa formação, meu filho.

A conversa programada estava concluída. O mais importante viria em seguida. Em voz baixa, contido, quase tímido, meu tio me pediu:

— Espere aí um instante; quero mostrar uma coisa a você.

Levantou-se e saiu da sala. Voltou pouco depois, trazendo uma folha de papel, que me entregou, com explicações, dadas no tom contido de quem procura disfarçar uma emoção forte:

— Meu livro de recordações, *A casa de meu avô*, acho que já lhe falei dele, está praticamente pronto. Deve sair, no máximo daqui a duas semanas. Mas ainda deu tempo de incluir uma dedicatória para seu pai. Veja se gosta.

O texto, que li na hora, encheu-me de lágrimas os olhos. Dizia:

Ao meu irmão
MAURÍCIO

que se livrou da melancolia
pela bondade irônica; e da amargura
pela tolerância generosa; da solidão,
pela capacidade singular que assinalou sua vida,
aquela marca que imprimiu

na vida das pessoas a que se dedicou
com infatigável vigilância crítica,
mas incessante vontade de amar e compreender.

À sua força exemplar no sofrimento,
à elegância com que procurava nos enganar
sobre a certeza do seu fim tão próximo;
à tímida ternura com que disfarçou
sua permanente doação.

A esse homem que empurrou com suas próprias mãos
estreitos horizontes e devassou mil lembranças,
na rara combinação de rígidos deveres
a cujos apelos atendeu
e uma amável inclinação pelo prazer
a que felizmente se rendeu,
realizando assim o impossível equilíbrio.

A esse homem quase sem biografia
no entanto dotado de tão grande vida,
a tantos que o amaram assim tomada
na sua hora mais feliz.

Quanto mais perto do fim chegamos, ele e eu,
mais próximos estamos um do outro
pelos encontros e descobrimentos
da nossa infância, tantas vezes separada.

Assim era meu tio Carlos. O domínio das palavras, tantas vezes utilizado para discursos políticos candentes, era também um meio de vivenciar, ocultando e revelando a um só tempo, a imensa afetividade e a suave melancolia que habitavam o fundo de sua alma.

Do texto, lido em retrospecto, duas frases ficaram marcadas: a referência à "incessante vontade de amar e compreender", traço definidor agudamente descrito, da personalidade generosa de meu pai, depois registrado no epitáfio, gravado na lápide de seu túmulo: "amou e compreendeu".

E outra, que não consigo ler de outra forma que não como uma espécie de misteriosa e lúgubre premonição — "quanto mais perto do fim chegamos, ele e eu". Sim, porque, restavam naquele momento a meu tio, sem qualquer indicação objetiva visível, não mais que seis meses de vida.

—— XXV ——

FINAL

No dia 30 de abril de 1977, poucos dias depois do bilhete que me mandou sobre o romance que escrevi, tio Carlos celebrou seu aniversário com uma festa em sua casa. Nem ele, nem nenhum dos convidados sabia ou imaginava que era o último. Completou, na data, 63 anos.

Pouco vi meu tio àquela noite. Dei-lhe os parabéns, trocamos um abraço amigo e logo nos perdemos um do outro, no turbilhão de convidados que bebiam, fumavam, beliscavam petiscos e conversavam, sem se dar conta que a festa era, afinal, uma despedida.

Três semanas depois, jantando em casa de tia Vera, ela me informou que tio Carlos tinha sido internado em uma clínica. Mas, logo, tranquilizou-me:

— Parece que não é nada grave. Ele está há alguns dias com febre, enfraquecido por causa de um regime para emagrecer rigoroso e o clínico quer fazer uma bateria de exames.

Por volta da meia-noite, eu já estava em casa, dormindo, quando o telefone tocou. Era tia Vera, avisando-me, assustada, que tio Carlos tinha morrido. Vesti-me rapidamente e fui até o hospital. A família, abalada, parecia não acreditar no que acontecera. Havia lágrimas e perplexidade.

Incumbiram-me de ir até a casa de meu tio e trazer de lá um traje completo — terno, camisa, gravata, meias e sapatos, para vestir o cadáver. Depois, enquanto o corpo era preparado, a pedido de tia Vera, fui com ela à sua casa. Minha avó Olga, que morava com tia Vera, ainda dormia, sem saber que tinha perdido seu filho mais moço, menos de um ano depois da morte do mais velho. Levamos conosco o médico que atendera meu tio para que pudesse, se necessário, assistir minha avó, caso ela passasse mal ao receber a notícia.

A notícia foi dada e recebida com dor funda e resignada.

Mais tarde, ao chegar à capela onde seria velado o corpo, a primeira pessoa que abracei, ainda à entrada, foi minha amiga Lúcia Hippólito esposa, como já disse, de Edgar Flexa Ribeiro. Lúcia, cientista social inteligente e perceptiva, resumiu em uma pergunta, tão absurda quanto real, o sentimento que, no fundo, parecia possuir a todos que ali estavam:

— Você não tinha impressão que ele era imortal?

Sim. A força que meu tio irradiava era tão intensa que, aqueles que a captavam de perto, tendiam a não se dar conta que provinha de um mero corpo humano, inexoravelmente temporário.

Caminhei a passos lentos para a sala onde meu tio era velado. Em silêncio compungido os parentes comtemplavam fixamente o cadáver rodeado de flores.

Um grito forte, chamando um nome de mulher, como uma bofetada, cortou a contrição. Era um repórter de televisão, carregando uma câmera, que, de um ponto da escada que levava ao segundo andar do edifício, avisava à sua colega locutora:

— Vem para cá. Daqui está ótimo. A gente pega tudo.

Comecei, dolorosamente, a dar-me conta que um homem público, principalmente se destacado e controverso como fora tio Carlos, não é dono de si mesmo; seu cadáver não pertence à família; sua morte, para muitos, não é uma perda, apenas uma notícia.

É verdade que, por estar com os direitos políticos cassados há alguns anos, a notícia não era tão sensacional quanto teria sido se a morte tivesse ocorrido em outro tempo. Mas, ainda era notícia capaz de merecer alguns minutos no noticiário da televisão.

O próprio velório não foi particularmente concorrido. Mas, embora o cortejo a pé, da capela ao túmulo, não fosse seguido por uma grande multidão, havia estranhos e curiosos em número suficiente para constranger a família. Enquanto o corpo descia ao túmulo, houve quem batesse palmas. Ouvi mesmo pessoas que bradavam aos ares sonoros e paradoxais "vivas" ao morto que se ia.

Depositado o esquife no fundo do jazigo, a família e os amigos mais chegados retiraram-se, cabeça baixa, olhos úmidos, a passos lentos. Admiradores, conhecidos e curiosos aproximaram-se, então, do túmulo. Ouvi já à distância que alguém tomou a palavra e iniciou um necrológio.

Chegando a meu carro, constatei que estava estacionado e trancado. A chave tinha ficado com o motorista que me servia àquele dia. Voltei para casa de carona com um amigo.

Algumas horas depois de eu ter chegado em casa, o motorista apareceu para devolver-me a chave do carro. Constrangido e apologético, explicou:

— Doutor, o senhor, por favor, me desculpe. É que não resisti e fiquei ouvindo os discursos. Pensei que o senhor ainda estivesse lá.

— Não tem importância. Tudo bem. Você ficou curioso, não é? Deixa para lá.

Naquele momento, finalmente, acreditei ter resolvido em definitivo um dilema que me acompanhara por toda vida: entre meu pai, de quem tio Carlos, na tocante dedicatória que fez em sua homenagem, dissera, para enfatizar suas qualidades humanas, ser um homem "quase sem biografia" e o próprio tio Carlos, de quem várias biografias já foram escritas, escolhi finalmente meu pai como modelo.

No enterro de meu pai, não houve repórteres, aplausos, "vivas" nem discursos. A perda que eu sofria pôde ser vivida inteira e pura, na tristeza profunda e respeitosa que aperfeiçoa quem a sente.

Viver, afinal, como já disse um dia um filósofo pessimista, é "ser para a morte"; quero, por minha morte, deixar aos que possam ter-me amado, apenas a falta de minha pessoa e a presença de memórias ternas, não maculadas em sua pureza, pela nostalgia egoísta de quem se sente privado de uma força impessoal intensa, imaginada imortal, a ser aplaudida.

―― XXVI ――

A CASA DE MEU AVÔ

A *casa de meu avô* foi efetivamente lançado poucos tempo antes da morte de meu tio, alguns dias depois da minha conversa com ele, em sua sala, na Nova Fronteira. Recebi da editora um convite padrão para o coquetel de lançamento. Sem saber por que nem para que, em um impulso, liguei para meu tio e confirmei a ele que, sim, eu iria ao coquetel. Mas não ia comprar o livro; queria receber dele, de presente, um exemplar autografado. Tio Carlos, embora um tanto constrangido, concordou e, já no dia seguinte, chegava em minha casa o volume de luxo, encadernado em capa dura, com uma dedicatória, não especialmente calorosa.

Como o próprio titulo sugere, *A casa de meu avô* é um livro de lembranças e reflexões, um texto profundo, bem elaborado e melancólico. Dele retiro duas frases, vindas do fundo da alma, que parecem-me revelar traços essenciais da personalidade de tio Carlos.

Já na primeira página, ele confessa:

Ao poucos, mergulho numa certa indiferença, até dilacerante por tudo que me prendia ao cada dia do mundo.

Também nessa frase, como de outra, na dedicatória do livro a meu pai, não consigo deixar de vislumbrar certa premonição da morte próxima. Tio Carlos vai se desprendendo daquilo que o liga ao mundo.

Mas, parece-me ver ainda, na mesma frase, uma confissão expressa de que o "cada dia do mundo", aquele conjunto de problemas comezinhos, que pauta a vida da maioria esmagadora das pessoas, era, para tio Carlos, um verdadeiro e pesado fardo, difícil de carregar.

Ao cotidiano, ao banal, ele estava ligado a contragosto; ou, nas suas próprias palavras, o cada dia do mundo o prendia. A indiferença em que ele, ao se aproximar da morte, vai, aos poucos, mergulhando, o dilacera. Quer se ligar, quer ficar preso, mas não consegue e isso lhe provoca literalmente o desespero.

A reflexão continua com uma pergunta, carregada de nítido desencanto.

Será preciso renunciar até ao patético?

O patético, o dramático, o exagerado, o hiperbólico, o personagem de Shakespeare eram essenciais a meu tio. Quando, finalmente, ele percebe que está sendo forçado, pela idade e pelas circunstâncias, a renunciar a seu modo intrínseco de ser, lamenta-se com uma pergunta triste. E logo morre.

É isso que capto da primeira página de *A casa de meu avô*.

Parece-me que também d. Lourenço de Almeida Prado, o culto monge beneditino que oficiou a missa de sétimo dia em homenagem à alma de tio Carlos captou algo parecido.

Em sua homilia, usando palavras do Evangelho, d. Lourenço descreveu-o como um homem cujo traço fundamental era a "fome e sede" de justiça.

A expressão é do Sermão da Montanha, em que Jesus, falando ao povo reunido, enuncia as chamadas bem aventuranças: "Bem aventurados os que têm fome e sede de justiça porque eles serão saciados".

As bem aventuranças, é claro, não se referem à vida transitória na terra, mas à vida eterna da alma. Aqueles que têm fome e sede de justiça serão, sim, saciados, mas no céu, onde também os que choram serão consolados, os misericordiosos encontrarão a misericórdia, os puros de coração verão a face de Deus.

Na terra, sabem os cristãos e também os que não acreditam que possa existir vida eterna e alma imortal, que a fome e a sede de justiça não serão nunca plenamente saciadas. Podem, por vezes, ser temporariamente apaziguadas, mas continuam e continuarão sempre a existir.

A busca da justiça é eterna e indispensável; se, na terra, a fome a sede de justiça forem saciadas, não haverá mais busca e não haverá progresso. Afinal, são exatamente os homens que padecem de fome e sede de justiça que promovem os movimentos positivos da história da humanidade.

Sinto saudades de meu tio Carlos, como de minha tia Vera, e de outros tios, irmão e irmãs de minha mãe, como pessoas queridas, parte da malha de proteção que é a família. Dele em particular, pelos presentes que me dava quando pequeno, pelos conselhos que me deu em momentos graves da minha vida adulta. E também como um personagem forte e próximo, fonte de inspiração, modelo cogitado para minhas escolhas existenciais.

Também na minha condição de cidadão, sinto falta de tio Carlos, como ator relevante no cenário político nacional.

Sua atuação, como bem disse d. Lourenço, foi sempre a de procurar saciar sua fome e sua sede de justiça.

Pode, algumas vezes, ter se enganado em seus julgamentos, procurando justiça onde não havia. Pode ter cometido erros. Quem muito se entrega, corre com mais frequência o risco de enganar-se. Mas sua busca, sei porque vi e acompanhei, foi sempre inspirada por uma total pureza de intenções.

Com a intensidade que era sua marca, tio Carlos perseguiu sempre objetivos que, em cada momento, genuinamente, lhe pareciam ser a alternativa mais certa para o Brasil.

Tão diferente de tantos outros políticos, de ontem, de hoje e, infelizmente, por certo também de amanhã, cujas ações e movimentos foram, são e serão ditadas pela fome de dinheiro e pela sede de poder...

Este livro foi editado na cidade de São Sebastião do
Rio de Janeiro e publicado pela Edições de Janeiro.
O texto foi composto com as tipografias Chaparral
e Verlag e impresso em papel Pólen 80g/m²
nas dependências da Smart Printer.